これだけは
身につけたい

保育者の常識67

谷田貝公昭
上野通子
[編]

一藝社

はしがき

　現在私は、大学、専門学校などで保育者養成のための講義をしておりますが、そこで感じる最近の学生の印象は、ひとことでいえば"常識"に欠けているということです。あいさつができない、授業中に私語や携帯電話に熱中している、帽子をかぶったまま授業を受けようとする、授業中にガムをかんだりトイレに立つ、人前で平気で化粧をする、など数え上げたらきりがないほどです。

　このように最近の学生に限らず若い人たちの常識の欠如は目に余るものがあります。本来、こうした常識の欠如を正したり身につけさせることは、家庭や学校の重要な任務だといえます。しかし、常識を教え身につけさせることを、いまの大人たちは放棄してしまったかのように思えます。

　また、私は仕事がら、多くの保育者と接する機会があります。しかし、その子どもを保育するプロでも、あいさつのしかたから、電話の応対のしかた、父母とのやりとりなど、もう少し何とかならないものかと思うことが多々あります。幼稚園、保育所など現場を預かる園長先生などとこの点についてお話しすると、際限がないほどたくさんの事例が出てきます。

　そこで、全国100ヵ所の幼稚園・保育所にご協力いただき、「保育者として就職する際、何が大切か、何を身につけておいたらよいか」というテーマでアンケート調査をお願いしました。その結果を整理し、上位67項目の事例について、イラストを中心に読みやすく記述したのが本書です。

　本書の構成は、次のような工夫をしました。①各項目を見開き2頁で簡潔に解説した、②各項目を3つのポイントからイラストを使いながらわかりやすく解説した。＜ポイント1：マイナスポイント＞（身についていないことでのマイナス面）、＜ポイント2：アドバイス＞（身につける方法）＜ポイント3：ステップアップ＞（磨きをかける方法）。

　本書が、保育者をめざし勉強している学生はもちろん、すでに保育の現場で活躍している保育者のみなさんに大いに利用されることを願っております。

　最後に、本書の出版をこころよく引き受けてくださった一藝社の菊池公男社長と編集担当の椎原清美さんにここで改めて御礼申し上げます。

平成18年10月1日

編者を代表して　谷田貝公昭

保育者の常識67／もくじ

Step1　身だしなみ
- ①　エプロンの結び方　8
- ②　爪を伸ばさない　10
- ③　化粧　12
- ④　清潔感のある人　14
- ⑤　身だしなみ　16

Step2　マナー
- ⑥　箸を正しく持って使う　18
- ⑦　食器を正しく持つ　20
- ⑧　食事のしかた　22
- ⑨　好き嫌いをしない　24
- ⑩　きちんとおじぎができる　26
- ⑪　あいさつができる　28
- ⑫　返事ができる　30
- ⑬　ありがとうございます・申し訳ありません・お願いしますなどいえる　32
- ⑭　敬語を使う　34
- ⑮　電話の応対　36
- ⑯　来客者の応対　38
- ⑰　履物を直す　40
- ⑱　立てひざで座らない、足組みをしない　42
- ⑲　正座ができる　44
- ⑳　時間を守る　46
- ㉑　物を大切にする　48
- ㉒　礼儀　50

㉓ 職員室・ロッカールーム・給湯室の使い方　52
㉔ タバコ　54
㉕ 携帯電話　56
㉖ 美しい立ち居振る舞い　58

Step3　生活技術
㉗ 生活技術能力　60
㉘ 洗濯機の使い方　62
㉙ 雑巾を絞る　64
㉚ 掃除のしかた　66
㉛ 整理整頓ができる　68
㉜ 鉛筆を正しく持って使う　70
㉝ 読み書き　72
㉞ お茶の入れ方・出し方　74

Step4　保育者の基本
㉟ 保育の基礎をしっかり学ぶ　76
㊱ 学生気分　78
㊲ 報連相　80
㊳ 園児・保護者・上司・同僚への接し方　82
㊴ 先輩の話を聞いて行動できる　84
㊵ 協調性がある　86
㊶ 健康で明るく元気　88
㊷ 体を動かして遊べる　90
㊸ 保育者としての適正　92
㊹ 子どもを愛し慈しむ　94
㊺ 子どもの気持ちに共感できる　96

(46) えこひいきしない 98
(47) 子どもといつも楽しく遊べる 100
(48) お話の大切さを知る 102
(49) 保育の技術 104
(50) わからないことや疑問点は聞く 106
(51) 日々研鑽しようとする意欲 108
(52) プロ意識 110
(53) 指示がなくても動ける 112
(54) 臨機応変の行動ができる 114
(55) 何かひとつ特技を持つ 116
(56) 正しい日本語を使う 118
(57) 笑顔で接する 120

Step5 豊かな人になるために
(58) 心やさしい人 122
(59) 心豊かな人 124
(60) 気づき・気配り 126
(61) 人柄・人間性 128
(62) 感性豊かな人 130
(63) 生きものの世話をする 132
(64) 常識のある人 134
(65) ニュースに関心を持つ 136
(66) 思いやりのある温かい人 138
(67) 自己表現ができる 140

参考文献 143

これだけは
身につけたい
**保育者の
常識67**

Step1◎身だしなみ ①
Step2◎マナー ②
Step3◎生活技術 ③
Step4◎保育者の基本 ④
Step5◎豊かな人になるために ⑤

Step1 身だしなみ

01

エプロンの結び方

1学期末、年長組でホットケーキパーティーが行われました。エプロンをして自分の食べる分をホットプレートで焼いている子どもたちの後姿に違和感を覚えました。何か変！ エプロンのひもが蝶結びではなく縦結びになっています。まだ自分ではできない子どもたちは「先生やって」とお願いしたのでしょう。よく見ると先生のエプロンのひももアラアラ……。

マイナスポイント

　私たちの生活の中には「様式美」というものがあり、ひも結びもそのひとつです。ていねいに結ばれたものはきれいであり、見る者の心を和ませてくれます。子どもとの生活でも結ぶ行為は数多くあります。お弁当入れなどの袋物、靴のひも、髪を結ぶリボンなどどれもきちんと結べていなければなりません。とにかく結べばいいでは人間性まで問われますし、子どものモデルとしても好ましくありません。本結び、蝶結びくらいはできるようにしたいものです。

●縦結び　　　　　　　　　　　　　●何重にも結んである
×　　　　　　　　　　　　　　　　×

ほどけない……

アドバイス

　最近は携帯電話でメールを送ったり、ゲームをしたりと、指先はよく使われていますが、その割には手指の器用さは備わっていません。メールもゲームもボタンを押すだけの単一作業です。指先や手の動きの巧みさを培い、ひも結びの巧みさを生み出すには、手さばきの練習をする必要があるようです。

●あやとりをする　　　●みつあみをする 　　　●おりがみをする

ステップアップ

　ひも結びを身につけるには、手元を見なくても結べるように体でしっかり覚えることです。太さ５ミリ、長さ１メートルくらいのひもを用意し練習しましょう。ひもを椅子などの足に巻きつけ結びます。準備ができたらまずは本結びからです。できるようになったら自分の靴ひも、そして大判ハンカチで物を包んで結ぶなどへ発展してみましょう。子どもに教えるときは、ひざに座らせ後から手をそえて教えてやるとよいでしょう。

●本結び（こま結び）　　　　　　　●蝶結び

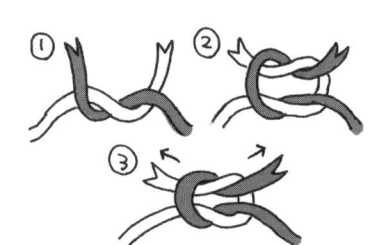

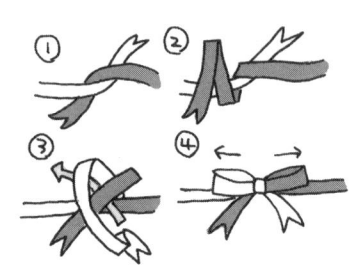

ミニコラム

　ひもを後ろで蝶結びにする動作は、年齢を問わず男子より女子のほうが成績がよく、70～75％の自立ラインに達するのは女子が25歳であるのに対し、男子は大人でも30～50％台です。簡単・便利なひも結びは、身につけさせたい生活技術のひとつでもあります。

Step1 身だしなみ

02

爪を伸ばさない

いまは、ネールアートなどが流行していて、若い保育者にとっても、とても大切なおしゃれのようです。仕事で爪を伸ばしていけないことはわかっていながら、短く切ることがなかなかできないのが現状です。砂遊びを一緒にしていても、爪の中に砂が入るのがいやなのか口だけの言葉がけになったり、赤ちゃんをだっこしていてもひやっとします。

マイナスポイント

　保育者の仕事は、つねに子どもと接し、オムツを替えたり、体を洗ったり、着替えさせたりと、直接子どもの体にふれることが日常です。そんなとき、自分は気をつけているつもりでも、子どもの肌に爪がささっていることも多いのです。大人の爪は子どもの爪ほど鋭利ではないので、傷にはならないこともありますが、ひやひやしながらの保育では、いい保育はできません。自分のおしゃれを考える前に目の前の子どものことを考えたいものです。

●仕事をしづらい　　●危険　　●爪のことを気にする
× × ×

🧑 アドバイス

いつも短くする習慣をつけることです。もしも、爪を伸ばしている看護師さんが、点滴の準備や、脈をとったりしていたらどうでしょうか。患者なら思わず身を引くでしょう。子どもを養護する保育者は、万が一にも、自分の爪で子どもを傷つけることのないように、自分の爪はつねにチェックしましょう。

● 爪の長さをチェックする

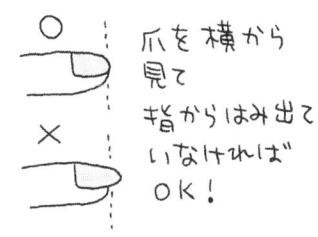

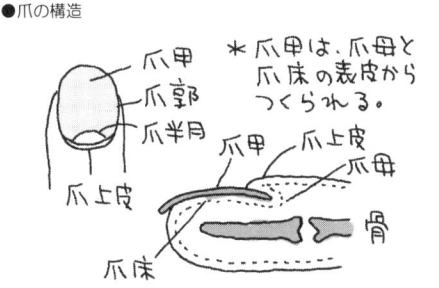

爪を横から見て指からはみ出ていなければOK！

● 爪の構造

爪甲／爪郭／爪半月／爪上皮／爪甲／爪上皮／爪母／骨／爪床

＊爪甲は、爪母と爪床の表皮からつくられる。

🧑 ステップアップ

最近は、お母さんが爪を伸ばし、マニキュアをつけてきれいにしているので、園児の中にはマニキュアを塗っている子もいます。また、自分のオシャレセットの中にマニキュアが入っている子どももいるようです。そのせいか、爪を切る習慣のない子が多く、園側で指導することも多くなりました。衛生面での見直しを園全体で取り組み、保護者にも理解を求め、健康的な爪を取り戻し、元気にのびのびと遊ばせることができるようにしましょう。

● 爪の切り方
① 爪切りとやすりを用意する
② 爪切りで爪の先が平らになるように切る
③ やすりを使って角を落とす

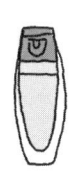

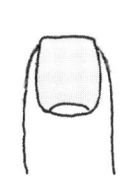

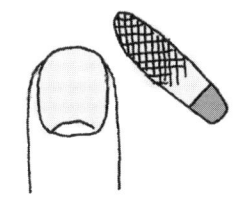

ミニコラム

爪は健康のバロメーターといわれています。健康状態が悪いと爪がもろくなったりします。爪は皮膚が変化したものなので、栄養バランスの整った食事を心がけ、健康的な爪を保ちましょう。また、除光液を頻繁に使うと爪が割れやすくなるので気をつけましょう。

Step1 身だしなみ

03

化粧

　就職を希望する学生が園を見学にきました。話し方や態度はさして問題なく思えたのですが、ただ１点、アイラインやマスカラをたっぷり塗ったそのアイメイクのどぎつさが気になりました。過度の化粧はその人が本来持っている美しさを打ち消してしまうようです。残念ながら、彼女の想いとは反対に、マイナスをアピールする結果となってしまいました。

マイナスポイント

　保育者の仕事は子どもとともに生活し、活動の援助をすることです。それには子どもが信頼を寄せ、親しみを感じてもらわなければいけません。たっぷり化粧をしていると汗とともに流れたり、子どもの衣服についてしまったり、朝と午後との印象が違ってしまうこともあります。また、保護者にもまわりの人たちにも好ましく感じてもらえないことが起こりえます。"コミュニケーション"この第一歩が化粧によって邪魔されてしまっては悲しいです。

●厚化粧　　　　　　●汗で流れる　　　　●子どもの衣服につく
×　　　　　　　　　×　　　　　　　　　×

アドバイス

　皆それぞれに美しさが違います。自分のよさの再発見のためにも、鏡をどんどん見て、自分の持っている素直な美しさに気づきましょう。そしてそのよさが生きてくるような化粧をしてください。手を加えすぎると、逆にその部分が劣っていることを印象づけます。あくまでも「自然さ」を心がけましょう。

●自分の美しさを見つける　　●自信を持つ

ステップアップ

　どんなに疲れて帰った日でも、一日の終わりには必ず化粧を洗い落としましょう。汚れとともに化粧品に含まれる油分は酸化しています。どんなに若い人でも肌によくありません。化粧することよりもアフターケアをすることのほうが大事です。それによって健康な肌が保たれ、翌日の化粧が生き生きしてきます。また、服装とカラーコーディネートするとなおすてきです。あわせて保育者は化粧に頼りすぎることなく、「表情美人」であってほしいと思います。

●好ましい化粧　　●美しい表情 　　●アフターケアをする

肌の色に近いファンデーション
ピンク系、ベージュ系の口紅

ミニコラム

　電車の中で化粧する若い女性が近年話題をまいていましたが、「悪貨は良貨を駆逐する」のことわざどおりなのか、近頃ではおばさまがたのあいだでも見られるようになりました。自分を美しくする化粧のはずが、逆に自分の価値を下げているように思えてなりません。

Step1 身だしなみ

04

清潔感のある人

ズボンのスソが床についてめくれ上ったり、すり切れていても平気な人、一生懸命なのはわかるのですが、伸びた髪を束ねずに振りまわして保育している人、汚れっぱなしで洗っていない上履きをはき続けている人、それらを目にしているのは、保育されている子どもたちなのです。子どもたちは、清潔感をどう感じ取っていくのでしょう。

マイナスポイント

　清潔感のある人とは、健康であることや生活態度がきちんとしていることが外観からわかる人をいいます。伸びた前髪を手で払いながら保育する人や、真っ黒な上履きを使っている人を見たらどう思いますか。清潔感があることは、人に信頼感を与えます。反対に、清潔感に欠けていることは、だらしがない、やる気が感じられないなどの悪印象を与えてしまいます。それは人との結びつきにつながり、やがては信頼をなくして仕事を築きにくいものにします。

●だらしない服装　　　●伸びっぱなしの髪　　　●汚れた靴
×　　　　　　　　　　×　　　　　　　　　　　×

アドバイス

　不潔であることは、けっしてこころよくありません。相手に間違った印象を与えたり、デリカシーや気づかいがないと思われます。まして子どもに清潔指導をするのですから、手本となるようにして、不快感を与えないようにしたいものです。身だしなみに気を配り、健やかな気持ちで人と向き合いましょう。

●身だしなみ　　　　　　　　　●健全な心

ステップアップ

　清潔は「健康生活」から生まれます。清潔な衣類を身につける、爪や髪は伸びたら切る、顔を洗う、歯を磨くなど、清潔を指導する保育者は、意識して健康な生活をするように努めます。そして、ハンカチやティッシュ、鏡やブラシ、化粧品などを持ち備え TPO に合わせて使います。出勤前やクラスに立つ前は、鏡の前で頭から足元まで指さし確認するくらいの気持ちを持ちましょう。人に注意しにくい事柄です。まわりの人に気づかわせないようにしてください。

●健康生活　　　　　●ハンカチなどを持ち歩く　　　　　●鏡で確認する

ミニコラム

　以前、「汚ギャル」とよばれる女の子たちがいました。入浴もせず、髪はボウボウ……。頭の中を顕微鏡で見たら虫が発見されました。健康生活は、心の健康のあらわれでもあります。心をひきしめ形から入っていくことが大切です。

Step1 身だしなみ

05

身だしなみ

学生時代からおしゃれな小川先生。今日はサングラスに穴あきジーンズでさっそうと出勤です。でもその服装を見た保護者から園にクレームが入りました。園長先生も服装をチェックし、「もっと品位ある、清潔感にあふれた服装で！」と指導しましたが、小川先生は、「品位ある服装？」「通勤の途中だからプライベートのはずなのに！」とおさまりません。

マイナスポイント

通勤時でもある程度の制約はやむをえません。保育者として子どもたちの指導にあたる以上、園の内外での華美で奇抜な服装は、周囲から浮いている、軽薄、そして仕事よりもおしゃれやプライベートなことに関心が強い人、として評価されてしまいます。また、爪を伸ばしたり、髪の毛が長すぎたりすると、保育の妨げになったり、衛生面の上でも差し障りがあります。そして何よりも、子どもに清潔指導を行う意義が薄れてしまいます。

●派手な服装　　　　　　　　　　　●清潔感のない髪
×　　　　　　　　　　　　　　　　×

アドバイス

　穴あきジーンズはひんしゅくを買うかもしれませんが、普通のジーンズであれば大丈夫。カジュアルな服装でも清潔感があればとくに問題にはなりません。髪が長かったり、ウエーブがかかっている場合は、後ろで束ねたり、まとめたりしましょう。髪を染める場合は、目立たない色を選択すべきです。

●出勤するという意識を持つ　　　　　●先輩を参考にする

ステップアップ

　保育者は子どもを預かり、保育・教育するという専門職に就いています。そのため、身だしなみや立ち居振る舞いにある程度の品位や清楚さが求められます。仕事の一環として割り切ることが大切です。服装は控え目に。でも、おしゃれがしたい年頃でしょうし、発表会や運動会の衣装や小道具の作成でセンスを問われますから、おしゃれになじむのも大切です。靴や鞄にこだわったり、色の組み合わせなどでおしゃれを楽しむのもひとつの方法です。

●控えめな化粧　　　　●清潔感のある服装　　　　●整えられた髪

ミニコラム

　襟なしのシャツではゴルフのプレーはできませんし、格式を重んじるホテルでは朝食でさえレストランの入口で制止されることもあります。どんなところでもマナーやエチケットが求められます。その場に応じた「適切な配慮」を忘れずに。

Step2 マナー　　　　　　　06

箸を正しく持って使う

新学期はじめてのお弁当の時間、園長先生が子どもたちの様子を見にクラスを回っていました。新人の野口先生のところへ行ってビックリです。子どもたちの箸の持ち方、使い方はまだしも、先生のほうがメチャクチャです。すべての面で子どものモデルにならなくてはならない先生がこんな状態ではと、目の前が真っ暗になってしまいました。

マイナスポイント

箸は伝統的な持ち方で使うことが最も美しく見えます。美しく食べることは食事の基本です。人間は、ひとりで生活しているわけではなく、社会の一員として生活していることを忘れてはなりません。独自性に富んだ持ち方で食べていれば、不快に感じる人もいるのです。何とも思わないとすればそれはデリカシーの問題でしょう。また、伝統的な箸の持ち方をすると作業量も多く、すなわち、はさむ、さくといった箸の機能を最も発揮することができるのです。

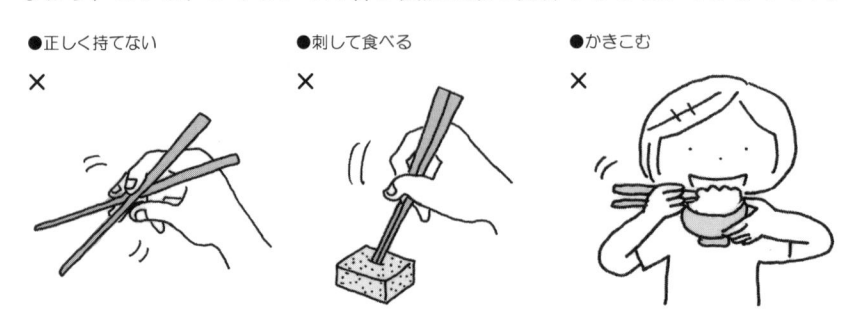

●正しく持てない　　●刺して食べる　　●かきこむ
×　　　　　　　　　×　　　　　　　　×

アドバイス

　箸をきちんと持って使えないということは、日常的な簡単な手さばきができていないはずですから、日常生活の中で手を十分に使うよう心がけることが大切です。手さばきに限らず、まとめて訓練するより少しずつ繰り返し訓練するほうが身につきやすいようです。焦らずじっくり取り組みましょう。

●ブロックで遊ぶ　　　　　　　　　　●ペーパークラフトをする

ステップアップ

　箸を正しく持って使えない人のために、いろいろな矯正箸が販売され持続した人気を得ているようですが、ほとんど役に立たないのが現実です。自分で直すという強い意志と頑張りが大切です。当然のことながら多少のエネルギーと時間がかかると思いますが、必ず直ります。最初はぎこちなく、不安定で使いにくいと思いますが、そのうち必ず慣れてきます。大人は子どものモデルです。子どもたちに正しい箸の持ち方・使い方を見せてやってください。

●正しい箸の持ち方　　　　　　　　　●正しい使い方

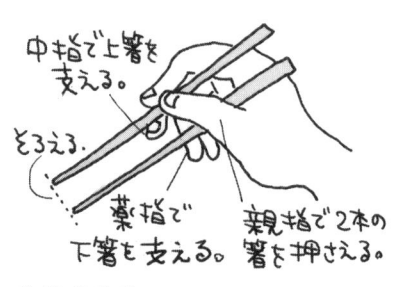

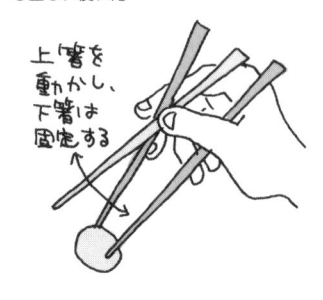

> **ミニコラム**
> 　山下俊郎博士が昭和11年に発表した論文によると、箸は3歳6か月の子どもの70〜75％がまともに持って使っていたといいます。現代の子どもたちは幼児で1％、小学6年生で20％程度ですからメチャクチャの一語につきます。大人も似たような状態にあります。

Step2 マナー

07

食器を正しく持つ

子どもたちの食べ方は、犬食いが多くなっています。犬食いとは、食器を持たずに口を近づけて食べる食べ方です。そのとき、左手はブランと下がっています。若い保育者も、そんな食べ方をしているのが、気になります。子どもは、近くにいる大人がモデルになっています。そんなだらしない食べ方で大きくなってしまっていいのかと、とても心配です。

マイナスポイント

箸と食器をきちんと持って食べる姿は、とても美しいものです。それは、日本の伝統として受け継がれてきているものです。ひとりで食べるときは、テレビを見たりしながらの食事になっているかもしれませんが、人と食べるときは、食事を楽しみ、コミュニケーションを図りながら食べたいものです。犬食いなどだらしない食べ方をしていると、まわりの人が不快感を覚え食事が楽しくありません。食事の基本を身につけましょう。

●犬食い　×

●左手だらり　×

●食器を正しく持てない　×

🧑 アドバイス

　早食いにならないようゆっくり食べて下さい。猫背に注意して背すじをしっかり伸ばしましょう。そうすれば、自然に箸と食器を持って食べられるようになります。食器を持てないときは、食器を手でささえたり、口に運ぶときに箸の下に手をそえたりする動作が自然にできるようにしましょう。

●ゆっくり食べる　　　　　　　　　●正しい姿勢を心がける

🧑 ステップアップ

　食事の基本が崩れてきているいま、食を見直そうという動きが活発になってきています。食は大切な生命の営みであり、植物、動物の命をいただくという畏敬の気持ちも大切です。子どもたちと一緒に食事をするときは、とくにその思いを忘れてはいけません。そして、食器の正しい持ち方を心がけ、子どもたちのよいモデルとなってください。指導するときは、ていねいに手をそえて教えてやりましょう。幼いときに覚えたものは、大人になっても忘れません。

●食器を持って食べる　　●持てないときは手をそえる　　●食器の受け方・渡し方

ミニコラム

　食器の材質も大切です。幼稚園や保育所ではメラミン食器が主流でしょうが、このところ食文化の見直しで磁器も多くなっています。幼児向けに軽量強化磁器や高強度磁器なども開発され、割れにくく扱いやすくなりました。

Step2 マナー

08

食事のしかた

今日は運動会の打ち上げ会です。保護者会の役員も同席しているその席で、佐藤先生の食事のしかたに注目が集まりました。前かがみ、左手を使わない、髪の毛がお皿につきそう。また、ごはんの上にトンカツや和え物をのせたりしていて、ごはんにはいろいろな色や味がついてしまっています。見ているほうはせっかくのごちそうがまずくなってしまいました。

マイナスポイント

食事のしかたは、その人の品性をあらわします。ことに会食では、自分流儀ではなく、ほかの人から見て常識の範囲内であることが不可欠で、まわりの人が小首をかしげたくなるような所作はマナー違反です。保育者は、昼食やおやつを子どもたちと一緒に食べるので、その姿をつねに見られています。特別に○○流のお作法にのっとる必要はありませんが、子どもたちにまねされて困る姿ではいけません。保護者からの信頼も得られなくなってしまいます。

●何でもごはんにのせる　　●箸の持ち方がおかしい　　●姿勢が悪い

アドバイス

　食事のしかたの基本は、背すじをすっきりと伸ばすこと、小皿、汁物、飯物は胸の高さまで持ち上げること、大皿はふちにそっと手をそえること、の3点です。もちろん、食事中にかむ音、すする音、食器の接触音を大きく立てることも慎まなくてはならないことはいうまでもありません。

●食器を正しく持って食べる　●箸は膳の手前に置く　●音を立てずに食べる

ステップアップ

　食事、ことに会食の席では、次のようなことをしないように気をつけてください。①口紅の跡が食器にべったりとつく、②髪の毛が食器の上に覆いかぶさる、③白いごはんの上に、刺身、トンカツ、てんぷら、煮物などをのせながら食べる、④汁物以外の食器に唇がふれる、⑤背すじが丸くなっている、などです。要するに、見苦しくない程度のマナーを心得ていればいいのです。家での食事など、日常から気をつけてみましょう。

●食器に口をふれない　●口紅は薄く塗る　●姿勢よく食べる

ミニコラム

　自分が食事をしているときの姿を見る機会はほとんどありませんが、たまには自分の食べ姿を鏡の前で見てはどうでしょうか。なぜならその姿をそのまま子どもたちは見ているし、まねしているからです。まず、自分を見直すことからはじめましょう。

Step2 マナー

09
好き嫌いをしない

さくら幼稚園では、昼食はお弁当持参です。昼食時、園児から「山田先生のお弁当、いつもお野菜ないね」「野菜、嫌いなの？」「おうちでも、野菜食べないの？」という声が聞こえてきました。実は山田先生、幼い頃から偏食がひどく、とくに野菜は大の苦手。でも立場上、園児には「食べ物の好き嫌いをしてはいけません！」と指導しています。

マイナスポイント

自分では好き嫌いがあるのに、園児に偏食是正の指導を進めているのでは、正に言行不一致です。好き嫌いをしていると、「なぜ、偏食をしてはいけないのか」という、根本的な理由がわからないまま指導するわけですから、指導の効果が十分にあげられません。また、友人宅に招かれての食事の席などでも偏食はマナー違反です。まわりに不快感を与え、さらに調理・配膳してくださった方への配慮も欠いてしまいます。

●嫌いなものを残す
×

●嫌いなものをより分ける
×

アドバイス

　子どもの好き嫌いを訴える親に、なぜそれを食べなくてはいけないのかたずねると、「栄養が偏るから」という答えが少なくありません。しかし、食物の種類の多い現代においては、数種類のものを食べなくても栄養面での問題はとくにありません。それよりも教育面、マナー面からとらえることが大切です。

●栄養面は問題ない　　　　　　　　　●教育面・マナー面から考える

ステップアップ

　好き嫌いをしている原因は、アレルギーなど体質的なものを除いては、わがまま以外の何ものでもありません。そのため、教育的に見て矯正する必要があるのです。明治時代の軍人、乃木希典(のぎまれすけ)は子どもの頃、ニンジンが嫌いで食べなかったそうですが、母親が食事のたびに食卓に出すのでいつの間にかおいしく食べられるようになったそうです。このように、まわりの大人がどこまで頑張れるかにかかっています。まずは保育者が見本を示しましょう。

●根気強く続ける　　　　　　　　　　●楽しい雰囲気をつくる

ミニコラム

　毎日、少しずつの努力でも偏食は直せます。続けることが大切です。自分自身の努力や苦労の中で勝ち得た成果は、自信や基盤となり、新たな挑戦への大きな原動力につながります。また、食べ物の好き嫌いは「人の好き嫌い」に発展する場合がありますから要注意！

Step2 マナー

10

きちんとおじぎができる

はと組の子どもたちと担任の加藤先生との朝のあいさつは、「おはよう」と同時に自分と相手の手のひら同士を合わせるいわゆるハイタッチ。元気があってよいのですが、あいさつの基本を指導すべき保育者が、子どもたちに示す手本ではありません。悪いことにこのハイタッチ、ほかのクラスの子どもたちにも広まってしまいました。

マイナスポイント

おじぎはあいさつの気持ちを体の動きで表現する、ボディランゲージのひとつです。したがって、「おはようございます」「ありがとうございます」「失礼します」などの、日々のあいさつ言葉に付随する、姿勢を正したおじぎは、社会生活を送る上で大切な規範のひとつにあげられます。きちんとしたおじぎをともなえないあいさつでは、気持ちがこもっていないと思われたり、相手に不快感を与えてしまう場合も少なくありません。

●上司に手を振る　　●頭だけペコリ　　●座ったまま

> **アドバイス**

　おじぎをするときはきちんと立ち止まり、相手に正対し、相手の目を見てあいさつの言葉とともに行います。歩きながら頭をペコンと下げるだけの人を見かけますが、よいマナーとはいえません。とくに外部の人に行うときは、自分は園を代表しているのだ、というくらいの意識を持つことが大切です。

●おじぎのタイミング
①立ち止まる　　②相手の目を見てあいさつ　　③おじぎをする

> **ステップアップ**

　おじぎは頭部だけをペコリと下げるのではなく、上半身全体を同じ角度をつけて折り曲げます。あまり深々と頭を下げすぎると「頭だけ下げて気持ちは……」と誤解される場合があります。廊下で上司とすれ違うときは軽い会釈、通常の場合は35度折り曲げる敬礼、感謝の気持ちを強調したいときやおわびのときは45度折り曲げる最敬礼が適切です。手はズボンの脇の縫い目に沿って下ろします。女性はそのまま両手を前にそろえるとよいでしょう。

●会釈　15°　　●敬礼　35°　　●最敬礼　45°

> **ミニコラム**
>
> 　おじぎは良好な人間関係を築く上での基本にあげられます。現在、ビジネスマナーをはじめ、風俗・様式がだいぶ欧米化されつつありますが、おじぎは日本古来の道徳的慣習として欠くことのできない大切なマナーのひとつです。

Step2 マナー

11

あいさつができる

2学期に入ると大学の教育実習がはじまり、2人の女子学生がきました。大学側の事前指導があってのことか、服装、髪の色、化粧などについては非の打ち所がないくらいの身だしなみでした。しかし、ひとつだけ気になることがありました。それは、あいさつです。笑顔ではつらつとしたあいさつが見られません。これは、新人保育者に対してもよく感じることです。

マイナスポイント

朝の出会いの瞬間は、一日を占う大切なときだけに、そこで交わされる笑顔のあいさつは職場を明るくし、人間関係を穏やかなものにしていきます。その裏を返せば、あいさつの有無が職場の雰囲気をくもらせ、人間関係を冷たいものにしているといえます。"ありがとうございます"のひとことがいえないために、人間関係をつまらないものにしている場面をよく目撃しますが、人間関係の中で生活し、保育という仕事をしていることを忘れてはなりません。

●心がこもっていない

●ぶっきらぼう

アドバイス

あいさつは、身近な環境から学びとります。父母や上司など、身近にいる人の行動をよく見てそれをまねしてみましょう。その場合、よきモデルを求め、よき伝統文化を学ぼうとする好奇心と、それなりの意志が求められます。案外お年をとった祖父母からよき文化を習得するケースが多いようです。

●親や祖父母をモデルにする　　●日本文化に触れる

ステップアップ

あいさつの重要性をそれほど実感できないのが学生時代です。あいさつを交わさなくとも、不自由を感じることなく許されてきた学生社会から、一般社会に適応するためには、社会人としての基本であるあいさつが厳しく問われます。あいさつは自分から進んでするよう心がけることが大切です。あいさつのしかたや形は、それぞれの国や民族によって異なりますが、あいさつの意義は異なりません。気持ちのよいあいさつを心がけましょう。

●笑顔ではっきりと　　●正しい姿勢　　●自分から声をかける

ミニコラム

あいさつはその国の伝統文化ですが、日本の礼儀作法は世界に誇る文化です。アメリカの心理学者ゲゼルは「教育とは文化適応である」といいましたが、子どもたちにそのことを求める保育者は、それ以前に自分自身のなすべきことを自覚しなければなりません。

Step2 マナー

12

返事ができる

勤務終了前に行われている終令でのことです。リーダーの先生が「報告伝達事項のあるクラスはお願いします」と問いかけました。すると返事は「……」。再度問いかけても無言。返事は「はい」「いいえ」だけだと思っているのでしょうか。「私のクラスではありません」と答えるのも返事のうち。子どもたちへの言語指導は大丈夫？ と思ってしまう光景でした。

マイナスポイント

返事を返すということは問いかけ者に対してのマナーです。問いかけの内容はさまざまでしょうが、それに合わせた反応ができてあたりまえです。無反応では問いかけた人は自分のいったことが、聞こえなかった、理解されなかった、無視された、などと思うでしょう。当然会議としても盛り上がりに欠けることとなりますし、全体で共有すべき情報の欠落にもつながりかねません。これが日常的だと、職場環境としてもよい空気が生まれるわけがありません。

●問いかけに無反応　　●顔を向けないで返事をする　　●うなずくだけ

アドバイス

呼ばれたら「はい」と返事を返す。あいさつやたずねられたら言葉で返す。大人のほうが声を出さず、うなずきで片付けてしまいがちですので注意したいものです。どうしてもはっきりといえない、大きな声が出ない人は、第一声を大きくいうように意識してみてください。後の言葉が続きやすくなります。

●口を大きく開けて声を出す　　●第一声を大きくいう

ステップアップ

返事は自分の存在を明らかにするとともに、相手を思いやる優しさにもつながることです。明るい返事はよい印象を与え、コミュニケーションがとりやすくなります。まずは、たずねられても自分がたずねるにしても、体や顔をそちらに向け、はっきりとした口調でやや大きめの声でいえるようにしましょう。そして自分の言葉で、考えで、返事を返すことができるようになることが大切です。マニュアルがないとできないようでは、保育者としても困ります。

●目線を合わせる　　●挙手などの動作とともに行う　　●はっきりいう

ミニコラム

日本の返事は「はい」ですが、お隣の韓国では「ネエ」、中国（北京語）では「コー」、タイでは女性は「チャイカ」、男性は「チャイクラップ」、フィリピンでは日常語は英語ですから、「イエス」または「ヒアー」、現地タガログ語では子どもは「ポー」といいます。

Step2 マナー

13

ありがとうございます・申し訳ありません・お願いしますなどいえる

> 園長先生からコピーをとるよう指示された森先生は、コピー機の使い方がわかりません。その様子を見かねたほかの先生がそっと教えてくれました。森先生はホッとした様子でコクンとうなずき、コピーをとり園長先生に渡しました。「時間がかかったわね」といわれてもあいまいな態度のまま説明をしようとしません。あまりの言葉足らずにあきれてしまいました。

マイナスポイント

わからないことが生じたら「教えてください」、教えてもらったら「ありがとうございます」、自分の不注意を指摘されたら「申し訳ありません」、人に物事を頼みたいときは「お願いします」、呼ばれたら「はい」、指示を受けたら復唱し「これでよろしいでしょうか」など、人間関係を築く上で必要な言葉はたくさんあります。意思疎通を確認する言葉の数々は、チームワークの基本といえます。「うん」「えー？」では、大人として信頼できません。

●だまって受け取る　　●言い訳ばかり　　●いやそうな顔

アドバイス

　言葉はおっくうがらずに使ってみましょう。心の中で自分が不注意だったと感じたら、「申し訳ありません」といいます。心の中で、ありがとうと感じたら「ありがとうございます」といいます。友達言葉、子ども言葉から、大人の言葉づかいへと自分自身を育ててゆかねばなりません。

- ●気持ちを言葉にあらわす 
- ●あやまるときは時間をおかない 
- ●ときにはこらえることも必要

ステップアップ

　ごめんなさい→申し訳ありません、ありがとう→ありがとうございます、ごめんごめん→申し訳ありません、わかった→わかりました、はーい→はい、わかんなーい→わかりません、頼むよ→お願いします、などたくさんありますが、緊張感を持った大人の職場での言葉づかいをしなければなりません。子どもたちは、保育者同士の会話や園長先生との会話をよく聞いています。和やかな言葉づかいで意思疎通を行う大人のモデルを示してください。

- ●まっすぐ目を見て「ありがとうございます」 
- ●相手の鼻の辺りを見て「申し訳ありません」

ミニコラム

　言葉にはトーンがあります。謝り言葉を大きく明るくいうのは不適切です。依頼の言葉をボソッといっても心が伝わりません。お礼の言葉は目を見つめてはっきりといいます。言葉づかいだけではなく、自分の声のトーンや大きさにも気を配ってください。

Step2 マナー

14

敬語を使う

> 作品展のパンフレットをつくっていたときのことです。新人の鈴木先生が、先輩の先生に「あれ取って」「ここ折るの?」「これでいい?」などと話しかけていました。がまんして聞いていた園長先生でしたが、「鈴木先生、あなたはここでは一番経験の浅い人ですよ。主任、先輩、まして私にもそのような言葉で話すべきではありません」と、ビシッと一喝しました。

マイナスポイント

言葉づかいは、身なり・食事のしかたと同様にその人の品性を物語ります。近頃では、自分の立場をわきまえた言葉づかいが薄れたり、あいまいになってきています。しかし、円滑な人間関係を築いたり、大人らしい社会生活を送るには、わきまえた言葉=敬語をある程度使うことが、必須要件といえます。名詞の前にやたらに「お」「ご」をつけることが敬語を使うことではありません。相手を尊重し自分の品性をアップするため、きちんとした敬語を使いましょう。

●だれにでも友達言葉　　●部外者に「おつかれさまです」　　●何にでも「お」をつける

アドバイス

　敬語というとかしこまって楽しくないというイメージを持っているかもしれませんが、ていねいな言葉づかいでも会話の楽しさは変わりません。敬語に身近にふれるには、文学者が書いた小説などを読んだり、アナウンサーのインタビュー番組を見たりすることが、最も身近なお手本ではないでしょうか。

● インタビュー番組を見る　● 人の会話を聞く　● 本を読む

ステップアップ

　敬語は目上の人に対して使う言葉です。「〜を取ってください」「ありがとうございました」「これでよろしいでしょうか」「折り方はこうですか」「〜先生、わからないので教えてください」「教えていただきましてありがとうございました」「申し訳ありません。もう一度ご指示ください」など、敬語の場面は多岐にわたります。自分なりに考えて使い、まわりの目上の人に教えてもらいながら、徐々に敬語に慣れるように努めてください。

● ゆっくりていねいに　● あいづちもていねいに　●「お」と「ご」の違いは耳で覚える

ミニコラム

　スーパーで「〜はありますか？」とのお客さんの問いかけに「お取り扱いございません」と、相手の顔も見ずに返答している店員を見かけました。言葉づかいは一見ていねいですが、その態度は言葉とおおちがいに雑です。言葉づかいは、言葉と態度の一致が必要です。

Step2 マナー

15

電話の応対

> 園と保護者を結ぶ重要な通信手段のひとつに電話があります。いまは携帯電話の普及もあり、保護者との連絡に気軽に使われています。手軽に利用して保護者と意志疎通を図ることは結構なことですが、電話のマナーを心得ない保育者がいることに気づきます。たとえば、敬語の苦手な人が多いようですが、言葉づかいは電話の必須条件であることを心得ましょう。

マイナスポイント

便利で手軽な伝達手段である電話を保育に生かすのは当然なことですが、隠れたマイナス面のあることに留意する必要があります。電話は相手の顔が見えず、声だけで伝え合う世界です。そのため言葉のはしばしで気持ちや感情が判断され、人格までも推し量られてしまう心配があります。また、いつもは笑顔の持ち主であっても、それが相手に伝わらないもどかしさが電話にはあります。そのほか、言葉だけのために用件が正確に伝わらないケースも見られます。

●抑揚のない声　　　　●乱暴な言葉づかい　　　　●一方的

アドバイス

　電話上達の秘訣は電話に慣れることにありますが、単に慣れればいいというものでもありません。友達との会話ではなく、保護者や社会人との交信に慣れることです。敬語を含めた社会に通用する会話のできることは社会人として当然のことです。練習のためにもベルが鳴ったら進んで出るようにしましょう。

●進んで電話をとる　　　　　　　　　●相手に見えなくても笑顔で

ステップアップ

　電話をとったら、まず「〇〇幼稚園（保育園）です」とはっきり名乗ります。そして、相手を指名されたら「少々お待ちください」と告げて、本人に代わります。保育者は保育中に持ち場から離れることができない場合が多いので、そのときは伝言を預かります。片手に受話器、片手に筆記用具を持って、用件を書き取ります。このとき伝言の内容を正確に理解し正しくメモをとることが大切です。また、確認のためにも、伝言の内容を復唱するようにしましょう。

●はっきりと名乗る　　●担当者に引き継ぐ　　●伝言はメモをとる

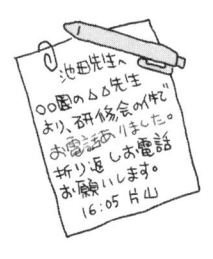

ミニコラム

　イギリスのベルが電話を発明してから130年になりますが、いながらにして遠方と会話のできるすぐれものです。便利な通信機器を生かして、保護者との連携を図り保育効果を上げていますが、保育者の中には電話を不得手とする人が意外にいるようです。

Step2 マナー

16
来客者の応対

> 宅配便の制服を着た男性が園内に入ってきました。宅配業者の人だと思い込んだのか、あいさつもせず「荷物ならむこうです！」と、高飛車な野中先生。実は、園児のお父さんが、先日お友達に乱暴なことをしてしまったお子さんの行動を心配されて、きゅうきょ相談にみえたのでした。この不適切な応対に、お父さんは爆発寸前です。

マイナスポイント

　園への来客は案外多いものです。服装や雰囲気といった見た目で判断したり、見下したりしないことが、保育者としてはもちろんのこと、社会人としてのマナーです。ある意味で保育者はその園の顔です。ぞんざいな言葉づかいをしたり、横柄な態度をとったりすると、その保育者のみならず、それが園の評価となってしまいます。また、それが親の口コミなどで知れ渡ると、ゆくゆくは経営面にまで影響してきます。ていねいな接客を心がけたいものです。

●見下した応対　　●ジロジロ見る　　●取り次ぎミス

アドバイス

　園にいらした方には、にこやかに「こんにちは」とあいさつして迎えます。どのような場合でも、自分自身の感情を顔や態度に出してはいけません。そして、相手の目から自分の目を離さず、服装や持ち物とは関係なく、相手をひとりの「人間」としてとらえ、応対しましょう。

●笑顔で出迎える　　　　　　●目線をはずさない

ステップアップ

　面識がある、ないにかかわらず「こんにちは」とにこやかに迎えた後は、相手が用件を切り出すまで待ちます。こちらから「ご用件は？」とか「何か？」などと発しないこと。相手に失礼です。つねに笑顔を忘れずに。「○○先生いらっしゃいますか？」には、名前をうかがってから「ただいま呼んでまいります。少々お待ち願えますか」と応対しましょう。さらに、帰り際に「お世話様でした」と声をかけるとよいでしょう。

●部屋に案内する　　●担当者に引き継ぐ　　●お茶を出す

ミニコラム

　だれにでも、園の「ご来賓」として応対します。しかし、むやみにスリッパを用意して部屋に通すのは問題です。目線が定まらない、意味不明のことをいうなど、不審な人が訪ねてきたら、直ちに、上司や先輩に連絡して指示を仰ぐのが得策です。

Step2 マナー

17

履物を直す

> そのお客様は靴を脱いで、すぐに応接室の会議に加わりました。お帰りの折、玄関まで見送ると脱いだ靴がそのままの状態で置かれています。職員の気の利かぬさまに園長として恥ずかしい思いで一杯です。脱いだ靴をそろえる、脱がれたままの靴を見たら直すというのは身だしなみのひとつ。そこに気づきを持てないようでは、子どもへの指導も危ういものでしょう。

マイナスポイント

　身だしなみやマナーとは、その人の人格や品性をあらわすひとつの尺度です。「履物を直す」はその中のひとつです。実際に行動に移せなくては意味がありません。大人である私たちが、そのことを知っていて行動できることが重要です。人としての「良き姿」を子どもたちに見せることも、指導することもできるからです。子どもたちは大人から気づかされてはじめてできるようになります。マナー知らずの子どもたちを私たちは育ててはいけないのです。

●脱ぎっぱなしの靴
×

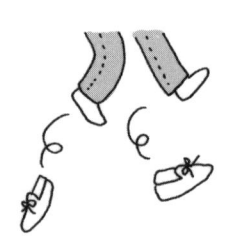

●ちらかった玄関
×

👤 アドバイス

　自分の姿を見つめ直してみましょう。慌てた姿で動きが流れてはいないでしょうか。ひとつひとつの行動に区切りをつけることが大切です。ドアを開けて入る、靴を脱いで上がる、脱いだ靴を直して部屋へ進む。区切りをつけることで自分の行動を見つめる余裕が生まれ、配慮の行き届いた人となります。

●動作に区切りをつける

👥 ステップアップ

　玄関はその家の顔です。整理整頓された玄関は気持ちのいいものです。脱いだ靴をしまうすることの意味のわかる人になりましょう。まずは玄関に入ったときに散乱している履物に気づきましょう。そしてだれのものでもそろえて向きを直します。次に、履物を脱いで上がり、しゃがんで履物の向きを直しそろえます。最後に、そろえた履物は玄関のはじによせます。はじめは意識して行う必要がありますが、繰り返しから自然に身についていきます。

●人の履物を直す　　　●しゃがんで向きを直す　　　●はじによせる

> ミニコラム
>
> 　作家で俳優の中谷彰宏氏の『君のしぐさに恋をした』という本に、毎日のちょっとしたマナーの積み重ねから気品が生まれます、気品はお金では買えません、気づかうことで美しくいられ、美しく生きる心が生まれます、とあります。心に留めたい言葉です。

Step2 マナー

18

立てひざで座らない、足組みをしない

　西尾先生は、子どもたちの前で、立てひざで座ったり、足を組んで座ったりしていました。園長先生は見て見ぬ振りをしていましたが、次第に頻度が高くなり、子どもたちへの影響も考慮して指導することになりました。西尾先生は「少しくらい立てひざで座っても……」「足を組むって悪いことなの?」と納得していない様子です。

マイナスポイント

　ひざを立てて座るのは、くつろぐときの仕草で、不適切です。さらに、椅子に足を組んで座るのは、威圧的でかつ相手を軽視している雰囲気を与えて不快感をもよおさせてしまいます。著しくマナーに反しますので、絶対に慎まなくてはなりません。また、このようなだらけた姿勢をとっていると気持ちまでだらけてきますし、まわりからも仕事に身が入っていないと思われてしまいます。適切な指導を進めるには、適切な姿勢がとれるように心がけましょう。

●立てひざで座る
×

●足を組んで座る
×

アドバイス

　保育の根本は、「大人は手本となる」「子どもは大人の模倣をする」につきます。子どもは、家庭や幼稚園・保育所で保護者や保育者の一挙手一投足の模倣を試みます。そうして必要なことを習得していくのです。保育者が子どもたちに与える影響はきわめて大きく、どんなに小さな動作でも気を配るべきです。

●子どもの手本になる　　　●意識して姿勢を正す

ステップアップ

　正しい座り方を心がけましょう。背すじを伸ばし、胸を張り、男性は少し足を開いて座り、手は太ももの上に軽く握って置きます。女性は足を閉じ、手は太ももの上に重ねて置きます。椅子の背もたれに深く寄りかからないように、こぶしひとつ分ほどあけるようにしましょう。また、前かがみになったり、テーブルにひじをついたりしないように注意しましょう。ほおづえをついたり、ひじかけにもたれてもいけません。毎日の積み重ねが大切です。

●正しい座り方

ミニコラム

　背すじを伸ばし胸を張ると、物事の捉え方・取り組み方が前向きで積極的になります。「健全な肉体に健全な精神が宿る」と古くからいいますが、幼児期は身体形成の基礎となる大切な時期です。そのため、指導にあたる保育者にはさまざまな課題が課せられます。

Step2 マナー

19

正座ができる

> すみれ保育園の近くのお寺には、きれいな花がたくさん咲いています。お寺にお願いして、お花を見せていただくことになりました。お花を見ていたら小雨が降ってきたので、本堂で雨宿りをさせていただきました。子どもたちは体育ずわりでお庭を見ています。アラアラ…、先生まで一緒に畳の上で体育ずわりをしています。お坊さんはあきれていました。

マイナスポイント

　現在の私たちの生活がかなり洋風になったとはいえ、正座を必要とする生活場面はまだまだ多くあります。正座の利点は、きちんとした態度ができると評価されること、あるいは緊張感を持って臨んでいると理解してもらえることにあります。心を形にあらわすひとつのスタイルです。お茶・お花・剣道など習い事だから正座するのではありません。正座は日常生活の中にあってこそ美しい所作(しょさ)なのです。いつでも子どもたちと同じわけにはいきません。

●大人の体育ずわり　　●女性のあぐら 　　●正座をくずしておしりを落とす
×　　　　　　　　　　×　　　　　　　　×

アドバイス

　男性が行う正座は、膝頭を自然な形に開いても大丈夫です。しかし、女性の場合は、膝頭をきちんとそろえなければ見苦しい状態になります。足親指を重ねて座り、時々上下を入れ替えて足のしびれを防ぎます。正座が予想されるときには、女性のタイトスカートの着用はおすすめしません。

●普段から慣れておく　　●服装に注意する

ステップアップ

　仏壇にお参りするとき、知人宅や寺院を訪れたとき、園児宅での説明やお詫びの席などは、正座で気持ちをあらわし、臨むことが一般的といえます。「お楽にどうぞ」とすすめられても、当日の大切な用がすむまでは、足をくずすべきではありません。とくにお詫びや説明の場では、足をくずしては非礼と見られ、相互理解を深めることは遠のいてしまいます。正座を姿勢正しく行うには、足の親指を重ね太ももに両手を軽く添えて置き、背すじをスッキリのばします。

●正しい正座

ミニコラム

　お茶の稽古、通夜、法要の席などで足がしびれて困ったという経験はだれにでもあるかと思います。しびれが強いときに無理をして立ち上がると、足首が体重を支えきれずによろけたり、転倒してしまうことがあります。普段から正座に慣れておくことが賢明です。

Step2 マナー

20

時間を守る

今日は春の親子遠足です。新人の小林先生は、準備の疲れでうっかり寝過ごしてしまい、決められていた職員の集合時間に数分遅れて、職員室に駆け込みました。すでに、ほかの先生方は各保育室に移動を終え、子どもたちを迎える準備をしています。チラッと冷たい視線を投げかけられ、小林先生はどうしてよいのかわかりません。

マイナスポイント

日々の保育や行事はさまざまな「柱」に支えられて成立していますが、ときにはそれらが変更される場合があります。たとえば遠足の場合、雨混じりの天気による目的地の再検討や、日時の変更、職員の体調不良による欠勤などがあげられます。ほんの数分の遅刻であっても、十分な準備や変更への適切な対応が困難になり、円滑な進行は望めませんし、対応の遅れからまわりに迷惑をかけることも出てきます。これではまわりからの信頼は揺らいできます。

●遅刻する　　　　●連絡を入れない　　　●迷惑をかける

👤 アドバイス

　集合時間については、「この時間ぴったりに集合」ではなく、「最低この時間までには」と認識すべきです。行事の規模や集合する目的などを考え、打ち合わせの集合時間とは別に、自分なりの「集合時間」を設定しましょう。立場が上の人ほど、早く持ち場につかなくては示しがつきません。

●自分の「集合時間」を設定する　　●手早く身支度を整える

👥 ステップアップ

　運動会や遠足のような大きな行事では、決められた時間の30分前には配置につきましょう。また、園児の移動、たとえば保育室からホールに園児を誘導する場合は、5～10分前くらいを目安に保育室を出発する予定を組みます。定刻ギリギリでは、もし保護者の方の急な来訪や子どものおもらしなどがあった場合、集合時間に大きく遅れをとってしまうからです。ゆとりを持って行動し、まわりに迷惑をかけることがないように心がけてください。

●予想されるハプニングを想定する　　●スケジュールを立てる 　　●時間に合わせて迅速に行動する

📝 ミニコラム

　社会生活を送る上で守るべき多くの規範がありますが、もっとも簡単で、結果がわかりやすいものが「時間を守る」ことです。人間ですからときには遅れることもあるでしょうが、それが頻繁だと「時間さえ守れないだらしがない人」と思われてしまいます。

Step2 マナー

21

物を大切にする

> 物余り現象は保育や子育てにもあらわれています。無意識のうちに物を捨て粗末にしている大人があとを絶ちませんが、保育の現場でも例外ではないようです。使っていないのに部屋の電気をつけっぱなし、水道の水を出しっぱなし、教材・教具の投げやりな管理、無造作に物を捨てるなど、"もったいない"と思う気持ちに欠けた実態があります。

マイナスポイント

　子どもは親の如く育つ、あるいは保育者のまねをして育つということは、摸倣期といわれる幼児期の特性からも理解できます。将来的にいつまでもいまのような使い捨ての生活が続くとは限りません。また、いつ物不足の時代が到来するかもわかりません。資源を他国に依存している日本にとって世界の動向は大変気がかりです。それだけではありません、物を粗末にすることが、やがて命を粗末にすることにならなければよいが、と心配でなりません。

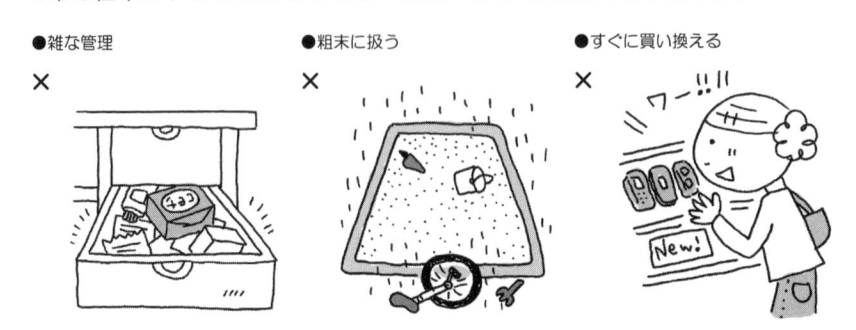

● 雑な管理　　　　● 粗末に扱う　　　　● すぐに買い換える
×　　　　　　　　×　　　　　　　　　×

アドバイス

　無意識のうちに物を買い、その結果として粗末に扱っている場合が多いようです。物を買うときは目的意識をしっかり持って、衝動買いをしないようにしましょう。また、よく考えて手に入れた物はいつまでも大切にするものです。物を大切にする文化を取り戻しましょう。

●衝動買いをしない　　●本当に必要かよく考える　　●必要なときに必要な分だけ買う

ステップアップ

　物を大切にする習慣を獲得するための近道は、必要以上に物を買わないという強い意志を持つことです。ケチとか清貧を人生のスローガンにしなさいということではありませんが、物を大切にする心は人を大切にする心にもつながります。それは、動物をかわいいと思ったり、花を見てきれいだなと思う心根と同じものです。そして、保育者をめざす人にはぜひ心がけてほしいことがあります。それは手作り教材に挑戦することです。物の大切さがよくわかります。

●整理整頓する　　●修理して使う　　●教材を手作りする

ミニコラム

　日本人の伝統文化のひとつに物を大切にする習慣がありますが、資源の少ない島国で生きる知恵が隠されています。地球規模での食糧難をはじめ、物不足は避けられない時代を迎えています。しかし、「不足」が日本人の心をつくり、文化を支えてきたことも事実です。

Step2 マナー

22

礼儀

ミーティングを行ったときのことです。新人の田中先生が園長の席の隣に座ってしまいました。ミーティングをとりしきる主任の席がありません。先輩がお茶を配っていても手伝おうともせず、自分だけさっさと飲んでいます。資料を持ち、入室してきた園長と主任は、この光景にあぜんとしました。礼儀をわきまえない人にはいいにくくても教えなくてはなりません。

マイナスポイント

俗にいうところの上座、下座は私たちの意識の中につねになくてはなりません。保育の現場は、ほかの社会生活から見るとこの感覚が大きくずれているように思えます。新人が率先してお茶を入れて配り、末席に位置するのはあたりまえのことです。新しいとか古いとかの問題ではありません。態度、言葉づかい、服装、すべて含めて礼儀です。生活意識のあらわれと考えてみてください。だれが中心の場なのかをよく考えて行動する必要があります。

●上座・下座を知らない　　●立場をわきまえない　　●場の空気が読めない

アドバイス

　就職時の面接試験でよく見られる、いかにも教えられてきました、という一律的なマナーにはウンザリです。日常生活で何も身についていないマナーを、一夜漬けのように教え込まれていることが一目瞭然だからです。それがこなせたからマナーを覚えた、礼儀にかなっていると思うことが礼儀知らずです。

●自分で気づく　　　　　　　　　　●固くならずのびのびと

ステップアップ

　呼びかけられたら明確に「はい」と答える、どなたかわからない電話の相手に「ちょっと待っていてくださいね」など友人言葉を使わない、目上の人が手をつけないうちに先に食べはじめない、皆が足をそろえているのにひとりだけ足を組まない。いかがですか？　身のまわりにも多くの礼儀があります。身近なところで礼儀を考えなければ、恥をかくのは自分自身です。デリケートな問題すぎてだれも本気で注意してくれない事柄です。

●あいさつは基本　　●態度・言葉づかい・服装が　　●外部の人にはとくにていねいに
　　　　　　　　　　　そろって礼儀

ミニコラム

　よい見本を示していないのに、子どもにばかり要求してはいませんか。あいさつ、返事、行儀など、保育者が礼儀に無頓着なのに、3〜5歳の子どもに「手はおひざです」「大きな声でハイといいましょう」などよくいえるものです。まずはお手本を示してください。

Step2 マナー

23

職員室・ロッカールーム・給湯室の使い方

「〇〇先生の後は使いたくない」などといわれかねない人がいます。木村先生もそうでした。本人に悪気はまったくないのですが、すべてがおおざっぱで使用後に何ひとつ片付けられていなかったり、整理整頓に欠けていたりするのです。たとえば給湯室。流しは使いっぱなしで水はねだらけです。気づいた人が雑巾で水はねを拭いていることがよくありました。

マイナスポイント

職員室やロッカールーム、給湯室にしても、扱いがていねいでなく後始末も雑であれば、お願いするどころかやってほしくありません。要するに「一事が万事」「推して知るべし」で、仕事への信頼も持たれなくなり、仕事を任せてもらえなくなります。たとえば、お茶の後片付けで茶碗を洗っても、よく端を欠いてしまう、所定の場所に片付けられず結局は紛失してしまう、ロッカー内が雑然としていて何となく不潔、では当然の結果となります。

●後始末が悪い
×

●乱雑な机まわり
×

●私物だらけのロッカー
×

アドバイス

　ロッカールームには、「失礼します」「ご一緒します」などと声をかけてから入るようにし、先にいる人がそれなりの心づもりができるようにしてあげましょう。また、やりっぱなしやドアの開閉にも気をつけ、給湯室・職員室を含めほかの人に迷惑のかからぬよう、行為後の見届けをしっかりしましょう。

●使用者の声のかけ合い　　　　　　●清潔なルーム内

ステップアップ

　ささいなことをおろそかにしていると、大事なことにおいてもミスを犯しやすくなり、信頼を得がたくなります。はじめは時間がかかってもよいので、ひとつのことをていねいに行う。使い終わったらその手でもとの場所へ戻す。そして最後にやりっぱなしはないかぐるっと見渡す。この一連の行為が自然な自分の流れ（くせ）になるまで、面倒であっても心して行うことです。いずれこのことが「きちっと仕事のできる人」としての結果をもたらしてくれます。

●物事をていねいに行う　●使ったものはもとへ戻す　●やりのこしがないか見渡す

ミニコラム

　どんな仕事にも手順（段取り）があり、それを考え行うことでミスなくペースアップができます。『声に出して読みたい日本語』ですっかり有名になった明治大学の斎藤孝先生も、著書『子どもに伝えたい〈三つの力〉』の中で、"段取り力"として記しています。

Step2 マナー

24

タバコ

　仕事中、イライラしたり口寂しくなると、「ちょっと、トイレに行ってきまーす」と持ち場を離れ、こっそりタバコを吸いに行く人がいます。しかも、タバコの臭いはなかなか消えるものではありません。衣服や髪の毛に染み込んだり、口臭となって、子どもたちにも影響を与えてしまいます。保育者も環境のひとつ、健全で安全な保育環境となりたいものです。

マイナスポイント

　嗜好品のことまでとやかくいいたくはありませんが、マナーを守れないようであればタバコを吸う資格はありません。隠れてコソコソ吸う、空き缶やペットボトルに灰を入れる、吸殻をトイレに流す、道端にポイ捨てする、タバコの臭いをプンプンさせる、タバコを吸った手のまま赤ちゃんの世話をする、ポケットにタバコとライターを入れたまま保育にあたっている、そんな人を大切な子どもたちのそばに近づけたくありません。

●隠れて吸う　　　　●吸殻の不始末　　　　●管理の悪さ

アドバイス

「わかっちゃいるけどやめられない」喫煙する人の気持ちはこんなところでしょう。非喫煙者からすると、食後、お酒の席、イライラしているとき、口が寂しいとき、また近くに置いてあるから手が伸びて吸っているように見えます。ダラダラ吸いだけでもやめれば、ずいぶん本数が減るのではないですか。

●ダラダラ吸わない　　　　　　　　　●ほかの楽しみを見つける

ステップアップ

喫煙するときは、人に迷惑をかけないように気をつけましょう。まずは時間のけじめをつけます。勤務時間中に頻繁に席を外すようなことがあってはいけません。決められた場所で吸い、灰が散らばっていないか確認します。しっかり火が消えたことを確認して、吸殻を所定の場所に捨てます。携帯用の吸殻入れを持ち歩くといいでしょう。また、人前で吸うときは、了承を得てから吸うようにしましょう。上司や保護者の前では吸わないほうが賢明です。

●吸う時間・吸う場所を守る　　　　　●後始末をしっかりする

ミニコラム

若い女性の喫煙は低出生体重児や流産・早産の原因となり、未成年期に喫煙を開始した人では、タバコ関連疾患、たとえば肺ガンなどの罹患率がより高値であるといわれます。身体にはけっしてよくありません。やはり禁煙に努めることが何よりです。

Step2 マナー

25

携帯電話

仕事中もポケットに携帯電話を入れていて、体の一部のようにしている山口先生。保育の情報がほしいときにメールを送り合ったり、好き勝手に写真を撮ったり、さらには、周囲に隠れて私用メールをしていることも見受けるようになりました。一体保育に集中するときはいつなのか、子どもにとって大迷惑なことになっています。

マイナスポイント

　手軽で便利な携帯電話は、日常生活に欠かせないものになりました。連絡を取りたい相手にすぐに連絡することができ、いろいろな情報も得られます。けれど、会議中や保育中に着信音が鳴ったり、人との話しの途中にメール交信を行うなど、携帯に向いすぎて大切なことを忘れてはいないでしょうか。子どもと向かい合う真剣さや、まわりへの気づかいに欠けているように思えます。また、公私の区別がつけられないようでは、マナーある大人とはいえません。

●仕事中に携帯が鳴る　　　●話を中断して電話に出る　　　●勤務中にメールをする

56

アドバイス

　保育中、人との会話中、会議中など、公私ともに迷惑にならない携帯電話の使用が大切です。けじめを持ってよい使い方をしてください。使う場面や使う場所さえ間違わなければ、とても便利なものです。緊急時や園外保育のときにも役立ちます。使い方次第で迷惑なものにも便利なものにもなりえるのです。

●使っていい場所を守る　　　　●けじめを持つ

ステップアップ

　保育中は携帯せずマナーモードにしてしまっておきます。相手には連絡してよい時間帯などを事前に連絡しておくとよいでしょう。会議や講演会のときなども、忘れずにマナーモードに切り替えるクセをつけます。人との会話中の着信やメールは、相手に断ってから携帯に向かい不快感を与えないようにします。何よりも周囲への気づかいを優先し、気持ちよく使用していくことが大切です。また、保護者や外部の人と気軽に番号交換などしないようにしましょう。

●仕事中は携帯しない　　●マナーモードに切り替える　　●断ってから使う

ミニコラム

　人間はものを考えたり、計算したりするときにはβ波がよく出現します。医学博士の森昭雄先生によると、メールを打っているときの高校生の脳波を調べたところ約6割にβ波の低下が見られたそうです。携帯電話は生活を快適にしますが上手に使いたいものです。

Step2 マナー

26
美しい立ち居振る舞い

> 園長先生とお客様が打ち合わせ中です。お茶を運んできた池田先生はドタドタと足音高く入ってきました。茶碗の中のお茶が揺れているまま出しました。後ろ手で閉めたドアが大きな音を立てました。悪気はなく元気でよいのですが、ひとつひとつの動作が雑で、見ているほうがハラハラしてしまいます。もっと大人らしい振る舞いがほしいところです。

マイナスポイント

　元気な動作は、体操をしたり子どもたちと遊んでいるときには適していますが、日常生活の中では雑な振る舞いに見えてしまいます。給食の配膳や活動の材料を配るときなど、あなたの行動で必要以上に風が立ち、音が出ていませんか。雑な行為は物事や相手を粗末にしているように誤解されます。子どもたちも彼らなりにその人の動作の雑さを感じています。自分の行動を見直しましょう。ていねいさや落ち着きに欠けてはいませんか。

●音を立ててものを置く　　●ドアを乱暴に開閉する　　●足で物を動かす

🔰 アドバイス

　美しい立ち居振る舞いとは、〇〇流であることを求めているのではありません。動作は心のもようとして相手に映ってしまうからです。自分も相手も大切な存在であることを伝え合えればいいのです。子どもであっても同じです。物を投げて渡されて、物の大切さは伝わりますか？

●手渡しで配る　　　　●音を立てずに片付ける 　　　●次回使いやすいようにしまう

🔰 ステップアップ

　車のドアをバタンと閉めるのと、室内の戸の開閉は同じではありません。靴をそろえて脱ぐ、スリッパをそろえる、茶碗をそっと置く、腕を脇にそえるようにして軽く振って歩く、足をそろえて座るなど、美しい立ち居振る舞いは日常生活の中にあります。人の振る舞いは大変注意しにくいものです。自分で気をつけてください。「他人のふり見て我がふり直せ」ということわざをそのままに受け取り、自分の振る舞いに気を配りましょう。

●靴をそろえて脱ぐ　　　●足をそろえて座る 　　　●美しく歩く

🔖 ミニコラム

　書店でハウツー本を買って読むのもいいでしょう。マナーの本を読むことも参考になります。しかし基本は自分を見直す、気づくことにあります。形にとらわれるのではなく、お互いを大切に思う気持ちがスタートであることを忘れないでください。

Step3 生活技術

27
生活技術能力

以前は就学前の子どもたちに、子ども用の小刀を持たせてえんぴつを削る練習をさせていました。はじめて使う子どもたちも、やって見せたり、手をとって教えたりしているうちに使い方を覚えていきました。でも最近の保育者は小刀を使った経験がなく、子どもたちの指導とまではいきません。いろいろ電化され楽になった反面、学習できないものも多いようです。

マイナスポイント

生活技術にはさまざまなものがあります。たとえば食生活では、包丁を使う、マッチをつける、料理をする。衣生活では、ひもを結ぶ、針で縫う、ボタンをつける、洋服をたたむ。住生活では、ネジでとめる、釘を打つ。そのほか、エンピツを削る、カッターで切るなどは日常生活の中での手作業です。最近の保育者は電化された後に生まれた世代なので、小さい頃からの経験が少ないと思います。生活に深く結びつく事柄です。もう一度見直してみてください。

●エプロンの縦結び　　●包丁が使えない　　●裁縫ができない

👧 アドバイス

　生活技術能力を身につけるためには、何度も経験することです。正しいやり方で、確認しながらゆっくり行いましょう。一度覚えたものは忘れることはありません。きちんとした生活技術を身につけ、子どもに接してください。いまや家庭では教えられなくなってきています。ていねいに指導してください。

●雑巾をつくる　　　　●木工制作をする　　　　●贈り物のラッピングをする

👧 ステップアップ

　日本人の手さばきは細やかで美しいといわれ、すぐれた高度な技術を持ち、世界からも評価されていましたが、いまや生活様式も変化して手さばきができなくなってきています。子どものモデルである大人ができなくなっているいま、保育者がきちんとした型を覚え、次の世代に伝承していかなければ文化が途絶えてしまうでしょう。家庭に求めるのは無理になりました。保育者や子どもとかかわる人々がよいモデルとなり、次の世代に伝えていってください。

●えんぴつの削り方　　●木工道具の使い方　　●包丁の持ち方

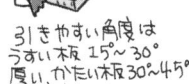

ミニコラム

　スイッチひとつで事が済む時代だからこそ、もう一度見直さなければならない大きなテーマです。技術を身につけるために、時間をかけて取り組む粘り強さが必要です。手は第二の脳といわれています。どんどん指先を働かせたいものです。

Step3 生活技術

28

洗濯機の使い方

　紅白帽子、ままごと用の手提げ袋、ぬいぐるみ、雑巾などの洗濯も保育の中の大切な仕事のひとつです。しかし、村上先生の手にかかると、白かったタオルはピンクに染まり、大量に入れた洗濯物は絡み合い、衣服には洗剤の粒子が残ったままです。子どもとのかかわりだけが保育ではないことを意識したいものです。生活力のない保育者は一人前とはいえません。

マイナスポイント

　保育で洗濯機を使う場面は意外と多いものです。しかし、スイッチを入れた後じーっと見ている人、衣類を加減知らずに入れる人、泥や砂で汚れたものを下洗いもせず入れる人、平然と「使ったことがないんです」という人がいます。保育者は生活する力があってこそ、子どもに生きた指導ができるのです。洗濯をしたことがなかったり、洗濯機の使い方がわからないようでは、生活の知恵や生活する力がないまま指導していることになります。

●使ったことがない　　●加減がわからない　　●下準備をしない

アドバイス

　洗濯機の使い方がわからない場合、生活の中での経験不足が指摘されます。親や先輩のやり方を見て、生活の中でも自分で洗濯するよう心がけていくことです。そして、保育の中でも率先して洗濯機にふれ習得していくようにしましょう。だれにでも使いやすいよう設計してあるので、すぐに慣れるはずです。

●親や先輩に教わる　　　　　　●家でも自分で洗濯する

ステップアップ

　ひとくちに洗濯機といっても多種多様です。操作方法がわからないときは取扱説明書を読んだり、先輩に習います。基本的な使い方は、①洗濯物を準備し入れる、②使用するコース・水位を選ぶ、③スタートさせる、④給水がはじまったら洗剤を入れる、⑤上ぶたを閉める、です。洗剤は洗剤容器にある「使用量の目安」に従って適切に使用しましょう。また、洗濯表示を見て洗い方を選ぶ、白い物と色物を一緒に洗わないといった洗濯の方法も身につけましょう。

●洗濯物の下準備をする　　●取扱説明書に従い操作する　　●洗剤の使用量を守る

ミニコラム

　何でもかでも洗濯機に投げ入れるのではなく、汚れがひどいときは洗剤液につけてから洗ってみたり、洗濯ブラシを使ってみたり、ハンカチなどの小物は洗面器などに水をはって手で洗ってみたりする工夫も大切です。

Step3 生活技術

29

雑巾を絞る

お弁当の時間、教室をのぞくとテーブルがびしょびしょにぬれています。よく見るとどの子もしっかりと絞れていない雑巾でふいています。これではお弁当の袋がぬれてしまいます。先生は？　と見ると、自分のお仕事で子どもたちを見ていません。子どもを信じ任せることも大事ですが、それ以前にきちんと絞る指導はできていたのでしょうか。

マイナスポイント

　しっかり絞れていない雑巾で物をふけば、その場は水だらけになり、置いた物がぬれたり、床であれば滑ってけがをする危険性も出てきます。雑巾がきちんと絞れないということで、こんなにもさまざまな結果につながっていくのです。また、動物の中にあって、人間だけが手首を左右どちらにも回せる機能を持っています。発達の過渡期にある子どもたちが、雑巾絞りなどの生活の必要性から生まれる行為で、機能の発達を促されることはすばらしいことです。

●しごくだけ　　　　　●横にして絞る　　　　　●流しのへりに押し付けて絞る

アドバイス

　絞るという行為は、手の運動という側面から見ると、握る力が十分に備わっているのか、手首や腕をねじることができるのか、という点につきるでしょう。子どもたちには、日常生活の中からそのような運動側面を刺激し、きたえられていくようはたらきかけていきましょう。

●鉄棒で遊ぶ　　　　　　　　　●腕相撲をする

　ステップアップ

　雑巾を使用する際は、必ずバケツに水を汲み入れその中でよく洗った後に絞ります。絞った水をバケツの中に落とすために、雑巾は縦に持ちます。一度スーッとしごいてから半分の長さに折りたたみ、手首を内側にひねるようにして絞ります。子どもたちにもこのように教えつつ、バケツの中で雑巾を洗えば、何回でも同じ水が使用でき水道水を無駄にすることなくお仕事ができることなど、先人の知恵を生かし伝えていきたいものです。

●雑巾の絞り方
①一度しごく　　　　②半分に折る 　　　　③きゅっと絞る

　ミニコラム

　剣道の指導者の中には子どもに初めて竹刀を持たせるとき、雑巾を絞るように持って脇をしめて打て、と教える人が多いようです。子どもも大人も最も多い絞り方は、鉄棒を持つように順手で持ってねじりあげる方法ですが、それでは脇が甘くなって堅く絞れません。

Step3 生活技術

30
掃除のしかた

　掃除が終わったはずの部屋や廊下を歩いていて、足の裏にざらつきを感じました。いぶかしく思い再度掃いてみると、結構な砂や綿ぼこりが集まりました。子どもたちが腹ばいになって遊ぶかもしれない床がこれでは困ります。なぜこんなことになるのか掃除のしかたを見てみると、おしゃべりに夢中で、目線がほうきや掃除機の掃く先を見ていませんでした。

マイナスポイント

　子どもたちが生活する園舎内や園庭が不潔であっては、そこに働く者としての基本ができていないと思われてもしかたありません。室内の隅々が掃けてなく綿ぼこりが踊っていたり、サッシの溝が掃かれていなかったり、飼育室の羽毛などがフワフワ舞っているようでは保育者としての手本が示せません。また、近年ではこのようなハウス・ダストが原因で、アレルギーや喘息を起こす子どもも増えてきました。園がその原因となってはいけません。

●ほうきの持ち方が悪い　●掃き残しの室内　●ゴミパックが満杯の掃除機

アドバイス

　部屋を掃くときは、必ず部屋の隅に置かれているものをどかしてからにしましょう。ゴミや綿ぼこりは人の動きや空気の流れによって、隅に溜まりやすいからです。その後のふき掃除も忘れずにします。また、ひととおり掃除が終わったら、その部屋や場所でのやり残しはないか確認することも大切です。

- ●ほこりがたまりやすい場所を知る
- ●素足で確かめる
- ●子どもの目の高さから見わたす

ステップアップ

　掃除は3つの要素から成り立っています。①片付け、②掃き掃除、③ふき掃除。まず室内・室外とも、掃きやすいように散らかっているものを所定の場所に片付けます。次に室内の隅から掃きはじめ、隅の奥のほうはほうきの穂先を使ってゴミをかき出すように掃きます。棚下と床面とのわずかな隙間には、ほうきを寝かせて入れ掃き出しましょう。ゴミはちりとりに掃き取り捨てます。最後に、机・棚・窓枠など家具・用具すべてを堅く絞った雑巾でふきましょう。

●掃除の順番
①片付け　②掃き掃除　③ふき掃除

ミニコラム

　掃除についての著名人の言葉を集めてみました。精神科医・アルフレッド・アドラー「掃除は人の役に立つ喜びを体験することとなる」、作家・神渡良平「掃除は汚いものをきれいにする心を育てる、それが教育」、濱名湖義塾・三上元「人の道の基本は挨拶と掃除」。

Step3 生活技術

31
整理整頓ができる

使った物、散らかっている物は片付ける。それはあたりまえのことであり、だれもが行っていることだと思います。しかし村上先生と林先生とでは何かが違います。村上先生の机の上は雑然としていて、林先生の机は気持ちよく整理されています。担当しているクラスを見てもその差はありました。何がどう違うのか、村上先生はよく検討する必要があります。

マイナスポイント

自分に身についているからこそ指導することができるのです。そして片付けられない子どもたちに疑問を持つことができ、指導すべきポイントをおさえることができるのです。きちんと片付けられず雑然とした雰囲気では、当然子どもたちもきれいにするわけはなく、結果としてクラス環境は荒れた空気へと変化していきます。さらには無造作に置かれた椅子などにぶつかり、けがをさせてしまう可能性まで含むことになります。十分に注意したい事柄です。

●雑然としている室内　　●散らかして遊ぶ子ども　　●物にぶつかる
×　　　　　　　　　　　×　　　　　　　　　　　×

アドバイス

　自分なりに努力していても、何か足りない、何だかうまくいかないと感じるようであれば、自分が「この店すてき」と思うデパートやショップを何軒か見て回るとよいでしょう。商品の並べ方や仕分け方などがどのようになっているのかを見るのは、自分の整理整頓術に十分役立ちます。

- 商品の陳列を見る
- 先輩の室内を参考にする

ステップアップ

　気持ちのよい空間とは整理整頓された場所です。そのためにはすべてのものをカテゴリーでくくるとよいでしょう。たとえば、①高さで統一する、②厚みで統一する、③種類で統一する、④機能で統一する、などです。また、整理する箱も、形をそろえたり、色彩を合わせたりします。色に関しては大変重要です。同一色や同系色であったり、アクセントとして反対色を用いるなどの工夫をしましょう。自分の好きな色を中心に考えるとよいでしょう。

- 高さや厚みで分ける
- 種類や機能で分ける
- 色彩を工夫する

ミニコラム

　精神科医で教育学者のアルフレッド・アドラーは、社会生活をしていく上で、「3つのタスク（課題）」があるとしています。その3番目は仕事のタスク。整理整頓を必要な仕事と位置づけることで、他者の役に立っているという自己存在の喜びになります。

Step3 生活技術

32 鉛筆を正しく持って使う

> 鉛筆の持ち方をいったいどのように教わったのだろう？　と疑問に感じるくらい、いろいろな持ち方の人がいます。鉛筆を垂直に持つ人、鉛筆を反対にたおして持つ人、毛筆のように芯から離れて持つ人、親指を突き出して持つ人など、実にさまざまです。また、鉛筆の持ち方が悪いせいで、姿勢まで悪くなっています。見ていて気持ちよい姿とはいえません。

マイナスポイント

　鉛筆を正しく持てないと、余分なところに力が入り、肩が凝ったり、疲れたりします。また姿勢も悪くなりやすいようです。長年、習慣化してしまった持ち方なので直すのは難しいとは思います。でも、自分の持ち方の間違いに気づくことも大きなことです。食事のマナーと同じように、見ている側を不快にさせないよう、正しく鉛筆を持ち、姿勢を正して文字が書けるように、改めて自分の持ち方をチェックしてみましょう。

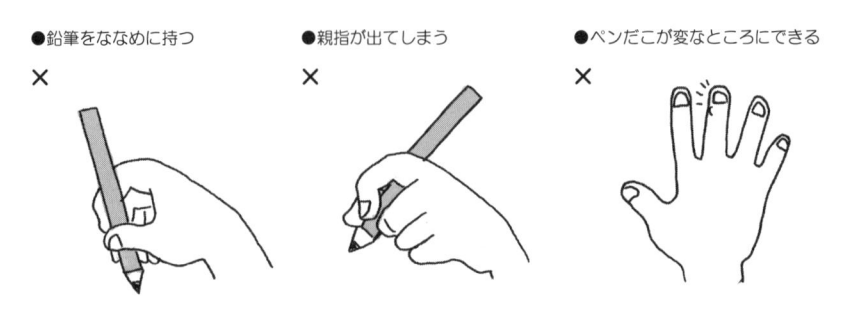

●鉛筆をななめに持つ　✕

●親指が出てしまう　✕

●ペンだこが変なところにできる　✕

👩 アドバイス

　鉛筆が正しく持てるということは、箸の使い方と大きくかかわってきます。そのため箸をきちんと持つことが基本となります。「箸を正しく持って使う」という項目(P.18)を参考にしてください。正しい箸の持ち方をして下箸をぬき、上箸の芯の近くに移動してしっかり持った持ち方が、鉛筆の正しい持ち方です。

●持ち方の練習
①箸を持つ　　　　　　　②下箸を引き抜く　　　　　　③そのまま芯の方へ移動する

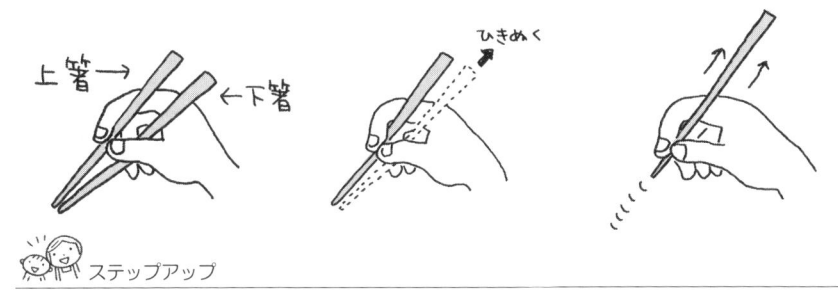

👫 ステップアップ

　今日、鉛筆を持って書くという作業より、パソコンに向っての作業が多くなっているようです。でも、鉛筆を正しく持つ姿勢は今も昔も共通していると思います。私たちがいいかげんな持ち方をしていたら、子どもたちも同じようにやるでしょう。正しい姿勢で鉛筆を持つと、長時間書き物をしても疲れないし、頭の中も整理しやすいように思います。書ければいいではなく、鉛筆を持つところから見直してみる機会にしてみてください。

●正しい持ち方　　　　　　　　　　●正しい姿勢

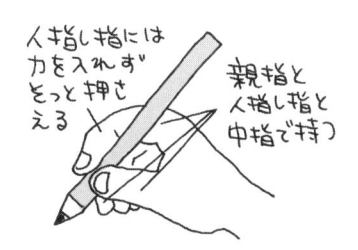

🔹 ミニコラム

　パソコンで打ち出した文字と実筆を比べてみてください。実筆は書いた人の性格や気持ちまで推し量ることができます。また、自分の手で文字を書くということは、文字の形や筆順を目で見て理解し、脳に記憶します。

Step3 生活技術

33

読み書き

年度初め、園からの連絡帳を開けて絶句してしまったお母さん。読みにくい文字に稚拙な文章。熟読しても意味不明、細かなニュアンスが伝わらず、まるで子どもの手紙でも読んでいるようです。まだ年度がはじまったばかり、これからのことを思うと、憂鬱になります。この先生、学生時代から国語の時間が大の苦手だったそうです。

マイナスポイント

人に自分の考えを伝えるには、口頭、電話、手紙、メールなどがありますが、その内容にまとまりがなかったり、文脈が不適切だと真意を読み取ってもらえません。その上文字自体が読みにくいとなおさらです。保育者の場合、園児や保護者と触れ合い、指導するのが職務です。伝えたいことが伝わらないようでは話になりません。連絡帳、日誌、報告書、計画書、園だよりなど、読み書きの能力が必要な仕事はたくさんあります。早速、是正に取り掛かりましょう。

●読みにくい文字　　●わかりにくい文書　　●まとまりのない内容

アドバイス

　きれいな文字を書くには、鉛筆を正しく持つことからはじめましょう。親指と人差し指の腹でつまみ、中指の側面にあてて持ちます。理解しやすい文章を書くには、本を読み、活字に慣れ親しむことが大切です。そして書いたものを読み返し文章を整えていきます。手元には国語辞典を用意しておきましょう。

●鉛筆を正しく持つ　　●活字に慣れる　　●文章を練る

ステップアップ

　筆記用具を正しく持ち、漢字は「縦線は垂直に、横線は右肩上がり気味に真っ直ぐ」、平仮名は「やさしく、伸びやかに」が原則です。日誌、連絡帳などの記載は、自分自身の保育への認識や展望が顕著にあらわれます。園や園児、保護者への批判は控え、自分のことは謙虚に、そしてさまざまな事柄を前向きにとらえて記載します。たとえば「晴れたが風が強かった」ではなく「風は強かったが晴れていた」というように明るい展望を期待できるようにします。

●文字をていねいに書く　　●内容を正確に伝える

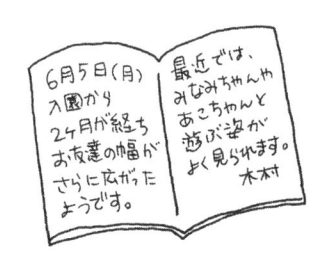

ミニコラム

　ペン習字を習いましょう。個人経営の書道塾であれば、ほかの稽古ごとよりもお金がかかりません。時間がない場合、家で書いて持参すれば先生に添削指導をしてもらえるところもあります。3年でだいぶ効果が出てきます。石の上にも三年！です。

Step3 生活技術

34
お茶の入れ方・出し方

> 応接室で懇談をしているとお茶が運ばれてきました。茶たくつきで出されたのは大変よかったのですが、園長の湯飲みにも茶たくがついていました。お茶をひとくちいただいてびっくりです。口の中が火傷するかと思うほどの熱さで、お茶の味も香りもあったものではありません。ただ入れればいいといったようなお茶で、心づかいがみじんも感じられませんでした。

マイナスポイント

　しぐさ、立ち居振る舞いが美しいことは人として上質なものを感じさせ、まわりの人に心地よさを与えます。反対に粗野な動きは見苦しく不快にさせます。せっかくのお茶も熱湯で入れられたのでは、色は出ても茶葉からゆっくりと香りや味がにじみ出る間もありません。また、茶たくは客人をもてなすものであり、身内にまでつけるようでは常識を疑われてしまいます。ただ入れればいいではなく、おもてなしの心でお茶の用意ができるようになりたいものです。

●茶たくと茶碗を別に出す
×

●乱暴に置く
×

●飲み口に近いところを持って出す
×

アドバイス

　日本茶には一般的に、煎茶・ほうじ茶・玄米茶などがあり、その種類によって注ぐお湯の温度が違います。茶葉の袋に代表的な入れ方が記されています。自分で試してみましょう。また、最近ではこだわりの日本茶カフェなどもできはじめています。専門店でその美味しさを味わってみることも大事なことです。

●茶葉の袋をながめてみる　　　　●専門店で味わってみる

ステップアップ

　人数分の湯飲み茶碗と茶たくを用意し、茶碗と急須にお湯を注ぎ温めておきます。急須のお湯を捨て茶葉を適宜入れ、茶碗に入れておいたお湯を急須に注ぎ、不足分のお湯を足します。茶葉が開くまでしばらく待ち茶碗に注ぎます。注いだらお盆にのせて運びます。お出しするときに茶たくにのせず、客人から、上下関係があるようなら上司（目上の人）からお出しします。身内には茶たくをつけずに最後に出します。また、動作はゆっくりていねいに行います。

●お茶の入れ方
①茶碗と急須にお湯を注ぎ温めておく
②急須のお湯を捨て茶葉を入れる
③茶碗に入れておいたお湯を注ぎ、ふたを閉めて一分ほど待つ
④均等にまわしつぎ、最後の一滴まで絞りきる

ミニコラム

　煎茶・紅茶・烏龍茶などは、私たちの生活の中でよく飲むことがあるお茶ですが、原料となるお茶の木は、すべて同じ木だということを知っていますか。煎茶は生葉を蒸しあげたもの、紅茶は生葉を完全に発酵させたもの、烏龍茶はその中間で半発酵させたものです。

Step4 保育者の基本

35

保育の基礎をしっかり学ぶ

保育者の面接試験のときのことです。始語期、始歩期を問われて正答する人はごくわずかです。年齢ごとの発達の特徴を聞いても答えられません。基本的生活習慣を聞いても正答者はまれにしかいません。いったい何を学んでこの場にいるのですか、と声を大にして問いかけたい思いでいっぱいです。おりがみ、ピアノ、ダンス？　技術より基礎的知識を持ちなさい。

マイナスポイント

3歳の子どもにはさみで円形を切らせようとしています。だれもできませんでした。日誌の反省に、発達に見合わないことを要求した自分が愚かだったと書きますか。子どもたちと接し、言葉を発し、発達記録をとっていても、実は保育の基礎となる事柄を知らないで業務にたずさわってはいませんか。一般企業であれば自社製品の熟知が要求され、顧客の把握はあたりまえのことです。この原則、保育者にもあてはまると思いませんか。

●発達に見合わない保育計画
×

●学んだことを現場で生かせられない
×

アドバイス

「私は短大を卒業しました」「専門学校で資格をとりました」とはいっても、そのままのあなたで子どもたちの前に立ってはいけません。いま一度、テキストを読み直してください。その内容と、実習で接した子どものイメージが重なりますか。テキストと保育の現場を別々にとらえていては、子どもに迷惑です。

- ●対象をよく知る 
- ●年齢に合った言葉がけ 
- ●子どものころにしたあそびを思い出してみる

ステップアップ

保育技術は日々の保育の上でとても大切です。でも、誤解を恐れずにいうならば、もっと大切なことは保育の基礎をしっかりと学ぶことです。専門職といわれるには、対象である子どものことを知らねばなりません。心の発達の順番、身体の発達の特徴、知的能力とは何か、子どもと大人の違いは何か。これを知らずしてどう子どもと接し、注意・指導を行うのか、さらに反省と評価をどう行うのでしょう。その基準はつねにあなた、保育者にあるから怖いのです。

- ●目（子どもを観察しよく見てとる） 
- ●耳（子どもの言葉に耳を傾ける） 
- ●心（受容的な心で子どもと接する）

ミニコラム

『子どもの精神保健』『救急ママ赤ちゃんと子どもの医学事典』『6歳までのしつけと子どもの自立』『モモ』などを読んでほしいと願います。子どもの心と体の育ちを学び、適切な時期に適切な言葉がけや経験を提供してほしいものです。

Step4 保育者の基本

36

学生気分

園行事の誕生会を翌日に控え、本田先生はピアノの当番に決まっていました。しかし、もともとピアノは不得手な上にはじめから練習自体を嫌っていたのでとうてい弾きこなせません。考えたあげく、学生時代の感覚で体調不良を理由に欠勤することにしました。さらにその翌日には、なにごともなかったかのように平然と定刻に出勤してきました。

マイナスポイント

ピアノの当番とわかっていながら、練習もせず、偽りの理由で欠勤、その上、翌日に仕事の遅れを早朝出勤で取り戻そうともしない。職務怠慢がいくつも重なりました。学生気分が抜けていません。保育者に限らず、社会人に逃げや甘えは許されません。それぞれに割り当てられた仕事を的確に遂行しなければ、本人の信用失墜はもとより、その園全体の保育の質が低下してしまい、園児やほかの保育者にも迷惑をかけてしまいます。

●無責任　　　　●指示を待つばかり　　　●嫌いなことはしない

アドバイス

商店にたとえると「学生はお客さま、社会人は店員」となり立場が正反対になります。学生はお客さまとしてある程度の甘えは許されますが、社会人には甘えは許されません。黙認されているからといって、それに甘んじていると後で報いがきます。社会人を学生の単なる延長として認識してはいけません。

●先輩を見て仕事を覚える　　●気づいたことをメモにとる　　●疑問はすぐに解消する

ステップアップ

保育者は万全の準備をして保育に臨まなくてはなりません。課題や弱点について前向きになって解決・努力しようとせず回避ばかりしていると、職場での成長はありえませんし、居場所自体がなくなります。ある程度のことは努力と意気込みで克服できますし、それを継続すること、苦手意識を持たないことが大切です。先輩に相談しながら、責任を持って職務にあたりましょう。仕事への取り組み方は、最終的に自分に戻ってきます。

●まかされたことは責任を持って行う　　●最後までやり通す　　●仕事の遅れは自分で取り戻す

ミニコラム

ひとりだけの知識や能力では限界があります。上司や先輩の知恵や指導を自分に取り込み、消化・吸収してはじめて自身の成長があるのです。小言が多い先輩もあなたのためを思っていってくれるのです。反発しているようでは、成長の機会を失ってしまいます。

Step4 保育者の基本

37
報連相

夕方5時を過ぎたころ、5歳児のあおいちゃんの保護者から一本の電話がありました。衣服に血液が付着していることに対しての疑問でした。さっそく担任の先生に問いただしたところ、お友達とぶつかって鼻血が出てしまったとのこと。園長先生は鼻血出血の報告がなかった点、保護者に連絡を怠った点、対処の方法を相談するべきだった点を改めて指導しました。

マイナスポイント

　上の事例を保護者の立場で考えてみましょう。きちんと洗濯された服で登園したのに、帰宅時に血液のシミがついていたとしたら、心配するのはあたりまえのことです。保育者にしてみれば、受診するほどの事故でなかったからかもしれませんが、説明義務を怠っています。すべてがチームワークで動くはずの園にとって、情報の共有化は大変重要であり、「報連相（報告・連絡・相談）」は業務を行う上で欠かせないものです。

●時間が経ってから報告する　●まとめて連絡する　●困ったことになってから相談する

アドバイス

　ひとつのクラスを担当したからといって、社会人として一人前になったわけではありません。社会人1年生は、何もわからないことを自覚して、まず素直に教えを請う気持ちが大切です。私だってできる、などというつまらない思い込みはせずに、聞き伝え合うことの大切さを身をもって知ることが大事です。

●新人の心得
①〜だろうと思い込まず、確認してから行う
②一度聞いたことは忘れずに覚える
③わからないことは必ず相談してから行う

ステップアップ

　最高責任者である園長先生に対して、報告・連絡・相談はつねに行うべき事柄です。苦情処理や説明義務の側面から考えても、担当保育者ひとりで負う責任の範疇を超えることが多いかと思われます。どんなにささいなことであっても、きちんと報告する必要があります。また、保護者にどのように説明したらきちんと事実が伝わるかについても、経験豊かな上司に相談することが大切です。つまり疑義をなくして伝え合う重要性が「報連相」です。

●報連相
①問題を報告
②相手に連絡
③対処方法を相談

ミニコラム

　報告・連絡・相談のセンスを自然に身につけている人は少ないといえます。この感覚は、教えられ、見習い、必要に迫られて育つものです。しかしいまは自然の育ちを待つよりも、自分で育てていかねばなりません。難しいことではありませんので頑張りましょう。

Step4 保育者の基本

38

園児・保護者・上司・同僚への接し方

保育者は園児をはじめ、保護者、上司、同僚に囲まれた人間関係の世界にいます。園児との接し方には自信があり、楽しげに会話を交わしていても、いざ保護者との関係になると自信が持てなく、ついつい消極的な対応になってしまう。あるいは、職場の先輩や上司との人間関係に戸惑いを感じているという現役の保育者は意外に多いようです。

マイナスポイント

園児との関係より、大人との人間関係に戸惑いを感じている人が多いでしょう。幼稚園や保育所は職員集団が小規模である上に、ことのほかチームワークが要求される職種です。そのため、人間関係の弱さはマイナス要因になります。保護者との人間関係も同様に重要であることはいうまでもありません。また、それとは別に園児との関係に問題がある場合は深刻です。保育の基本を欠くことになりますので園児への接し方には留意する必要があります。

●人見知りをする　　●苦手意識を持つ　　●なれなれしい

アドバイス

　人間関係に自信のない人が増えているといわれていますが、保育の世界は人間関係そのものの世界です。勇気を出して積極的にかかわりを持つようにすれば、しだいに解決されていくでしょう。子どもたちとの関係については、できるだけ彼らの世界に近づく努力をし、理解を深めていくことです。

●積極的にかかわりを持つ　　　　　　●相手のことを知る

ステップアップ

　保護者、上司への接し方については、社会的マナーが必要とされます。とくに言葉づかいについては敬語が要求されます。だからといって、消極的になっては身につかないので、最初は失敗してもあまり気にしないことです。最初から失敗しない人などいないはずです。子どもに対する接し方については、こちらから「仲間に入れて」という謙虚な姿勢で近づくことが重要で、遊んであげるといった姿勢では彼らは心を開いてくれません。

●適切な言葉づかい　　●謙虚な気持ちで 　　●私的なことに立入らない

ミニコラム

　接し方については相手が大人か子どもかによって当然異なります。しかし、基本的に共通していることは、人間対人間の関係であるということです。心を込めて接することがキーポイントです。子どもに対してはとくに細やかな気配りをして接してほしいと思います。

Step4 保育者の基本

39

先輩の話を聞いて行動できる

若い保育者の中には「本の中にはこう書いてあった」「私はこう思う」など自分の意見や考えを持ち、自信に満ちている人が多くいます。しかし、目の前の子どものこと、その園のこと、保護者のことなど、より具体的に、より多角的にとらえるには限界があります。先輩の話を聞く態度、姿勢が問われ、謙虚な気持ちが求められます。

マイナスポイント

「○○先生、これはこうしてくださいね」「次から気をつけてくださいね」と先輩保育者からいわれて「はい」と返事をしつつ、また同じことをする人がいます。また「○○先生こうしたらどうかしら」「以前こんなことをしたんだけど」と提案されても「これでいいんです」と謙虚な気持ちで対応できない人がいます。自分の保育に夢中になり自信を持つことはよいのですが、人として、多角的に物事を考えたり、反省する謙虚な気持ちがほしいものです。

●先輩の話を聞かない　　●いわれたことを忘れる 　　●自分の意見を通す

アドバイス

　先輩の話を聞いて行動できないというのは、コミュニケーション不足があげられます。日頃からの積み重ねが大切です。自ら積極的に話しかけましょう。保育観が異なっていても自分の考えを広げる意味で、話し合いを深め納得して行動することです。けっして自己中心にならず築き上げる気持ちが大事です。

●いろいろな人の意見を聞く　　●話し合う

ステップアップ

　先輩から指示が出た場合は、いわれた内容を復唱し、理解できなければわかるまでたずねます。そして、速やかに行動に移します。「わかりました」といった時点でその内容を納得し理解したと判断されます。後になって知らなかった、忘れていたということは許されません。緊急を要することもあるのです。また、打ち合わせは事前に下準備を行い、十分に話し合います。疑問を持ったら納得するまで話すことです。忘れることが多い人はメモをとる習慣をつけましょう。

●指示の内容を確認する　　●すぐに行動に移す　　●メモをとる習慣をつける

ミニコラム

　社会に出ると「報連相（ほうれんそう）」ということがよくいわれます。これは、上司に対して報告、連絡、相談するという意味で、どんな職業でも同じように大切なことです。たとえささいなことでも、報告、連絡、相談をつねに行い独断専行を避けなければなりません。

Step4 保育者の基本

40
協調性がある

保育現場はことのほかチームワークが要求されるところです。保育者間の協調性が保育効果にもあらわれるからです。しかし最近、協調性に欠けた保育者が増えているという話を耳にします。共同作業の最中でも単独行動に走る身勝手な保育者のいることは困ったものです。共同で行う仕事の多いのもまた、幼稚園・保育所の特色のひとつです。

マイナスポイント

協調性不在の職場からは、よき仕事は生まれませんし、能率は低下し責任ある職場の組織が崩れることになります。幼稚園・保育所においても同じことで、チーム保育の観点からも職員全体の協力体制がなくては成り立ちません。ひとりひとりに役割があり、目標に向かって全員が責任ある態度で役割を遂行することがチーム保育の基本的条件です。その意味でも、協調性なくして保育の世界は成立しえない職種といえます。

●バラバラな仕事ぶり　●連絡が行き届かない　●自分勝手な判断

アドバイス

　協調性の必要性を感じていても実行に移せない人もいるようです。また、自分自身が協調性のないことに気づいていない場合もあります。いずれにしても人間関係の希薄さに問題の根があるように思われます。日頃から積極的に人間関係を持つように努力しましょう。

●人に興味を持つ　　　　　　　　　●仕事に好き嫌いの人間関係を
　　　　　　　　　　　　　　　　　　持ち込まない

ステップアップ

　学生時代からサークルやクラブに所属していて、協力する態度が養われている人は概して協調性も学習されているように感じます。サークルやクラブの形成要因は人であり、保育者になっても同僚や上司との人間関係を深めることによって、協調性は自然と身につくようです。しかし、社会には協調性に欠ける人も多い現実があります。そういう人は自ら協調性の意義を自覚して、積極的に参加する努力が最終的には必要となります。

●声をかけ合う　　　　　　　　　　●協力し合う

ミニコラム

　「三人寄れば文殊の智慧」「片手で錐は揉まれぬ」など、日本では協力することや協調性は人格の一部として尊ばれてきた経緯があります。いまでもその価値に変わりはありませんが、個人尊重の時代の中で改めて協調性が叫ばれていることは事実です。

Step4 保育者の基本

41

健康で明るく元気

幼稚園・保育所は、朝の元気な保育者のあいさつからはじまるといっても過言ではないくらい、先生たちは朝から気合が入っています。でも、その中で、低血圧なのか、はたまた寝不足なのか、目のあいていない保育者もいるようです。保護者が、自分の大切な子どもを預けるのに、少なからず不安を感じてしまうのではないかと心配です。

マイナスポイント

保育者が暗い表情をしていたり、ボーとして子どもの問いかけに無反応だったり、イライラして子どもを叱ってばかりいたのでは、いい保育はできませんし、子どもたちは大人の顔色をうかがいながら行動するようになってしまいます。また、叱られた子よりもまわりにいた子どもたちが傷つくことも多いのです。これでは、保育者と子どもたちの心の距離はどんどん離れていってしまいます。保育者はつねに明るく元気に保育に向かえるように心がけましょう。

●暗い表情

●座って指示だけ

アドバイス

　保育者は、思いやりがあり、健康で明るく元気がなによりです。もし、いやなことがあっても、子どもたちに救われることが多いでしょう。逆に、自分のイライラを子どもにぶつけてしまうケースもあるので注意してください。子どもたちは、明るく元気いっぱいの先生が大好きです。

●楽しみを見つける　　　●悩みは相談する 　　　●イライラはためない

ステップアップ

　健康で明るく元気に子どもたちと接するには、自分の健康管理が大切です。若いときは無理がききますので、夜遅くまで起きていても次の日は出勤できるでしょう。でも、子どもはごまかされません。表情の違いを敏感に察知します。子どもに気を使われないように、いつも明るく元気な先生でいられるように、自己管理はしっかりしましょう。また、保育のヒントはいろんなところに転がっているので、自分の感性を磨き子どもたちに刺激を与えてください。

●規則正しい生活をする　　　●食事をきちんととる 　　　●子どもと一緒に体を動かす

ミニコラム

　子どもが夜型になっています。生活リズムがずれているため、活発に遊べません。子どもの早寝・早起きがなぜ必要なのか、手紙やアンケートなどで知らせ、お互いによい環境をつくって、子どもたちのよりよい成長の手助けにしましょう。

Step4 保育者の基本

42

体を動かして遊べる

> 子どもと汗を流して遊べる保育者が少なくなっているように思えます。遊びの場を園庭と保育室との関係で見ると、いまは室内での生活に比重がおかれています。土にまみれ、太陽の下で体を動かす子どもたちの姿がめっきり見られなくなりました。それに比例して、保育者も体を動かして一緒に遊ぶ機会が減少していることは大変残念なことです。

マイナスポイント

　子どもたちの心身の成長発達を促す大事な年齢期に、室内での生活に追いやられていることはとても残念なことです。心と体を分けて考えることのできない未分化な発達期にあるので、遊びの不足は心の発達にも影響します。せっかく戸外での運動遊びが計画されていても、保育者が体を使っての遊びに消極的では困ったものです。たくましい心身をつくるという保育目標を掲げても、それはまるで意味のないものになってしまいます。

●室内遊びばかり　　　●外に出ても座って遊ぶ　　　●汗をかくのを嫌う
×　　　　　　　　　　×　　　　　　　　　　　　×

アドバイス

　学生時代に体を使う活動に参加していた、あるいはスポーツをしていた人は、体を動かすことに慣れているので、何の抵抗もなく遊びに入ることができるようです。しかし、体を動かして遊ぶことの苦手な人もいるので、そんな人は自分の不得手を認識して、それを補う努力をしましょう。

●スポーツ観戦をする　　　　　　　　　●身近な運動からはじめる

ステップアップ

　幼児期は、全身を活性化させて成長する、これが大原則です。具体的には体を使っての遊びということになります。子どもたちの遊びを発展させる役割は保育者にあり、保育者の姿勢が問われてきます。子どもたちは先生と遊ぶのが大好きです。外遊びのときに砂場にしゃがみ込んだりせず、全身を使った遊びに汗を流し、子どもと共感し、楽しんでみましょう。おにごっこ、なわとび、かくれんぼ……。みんなで遊ぶととっても楽しいです。

●子どもの気持ちを外に向ける　　●季節に合った遊びをする　　●遊びを楽しむ

ミニコラム

　子どもとともに汗を流すことを楽しみに保育者になった人がいます。保育者に対するイメージといえば、おにごっこ、なわとび、かくれんぼといった、体を使って遊ぶ楽しげな姿でした。いまでも遊びを通して共感できることを夢見ている人は多いと思います。

Step4 保育者の基本

43

保育者としての適正

3歳児が散歩から帰ってきました。うがいと手洗いのときのこと、南先生は、腕まくりの言葉がけ、うがいのしかたなどひとりひとりに気を配り、床に飛び散った水滴を何気なく雑巾でふいています。片山先生は、南先生にまかせたようにして、細やかな気配り、こまめな動きをしていません。園長先生はこの様子を見て、「南さんはいい保育者になる」と確信しました。

🙂 マイナスポイント

なぜ保育者になったのかと問うと、「子どもが好きだから」と答える人が多くいます。子どもが好きな人は皆、保育者としての適正があるのかというとそうではありません。しつこくない程度に言葉がけができる、よく気がつく、こまめに働く、きれい好き、世話好きなど、必要とされる素質は多々あります。上の片山先生のように、年齢に応じた細やかな援助を面倒くさがるようでは、保育者としての適正があるとはいえません。

●細やかな気配りがない　　　　　　　　●こまめに動かない

アドバイス

　3歳児への言葉がけや援助の方法と、5歳児へのそれとは違わなくてはなりません。また、あまりにじょう舌な人は、無口な人よりも困りものです。つまり、子どもの行動の予測をしながら、温かく見守ることが、発達をし続ける子どもたちには必要です。自分のよさを生かして見直してください。

- ●温かく見守る
- ●表情の違いに気づく
- ●うれしい気持ち、悲しい気持ちを共有する

ステップアップ

　対人支援の仕事に共通している適性とは、人との至近距離での交流が不得手ではないことでしょう。子どもたちはしつこいかかわりを求めてくる大人を好みません。子どもの意志を尊重しつつ、大人の配慮を加えたかかわりが、その人の個性の下で行うことができる、それが保育者としての適正ではないでしょうか。生活観、児童観、人生観によってその違いが生じても、子どもたちに基本的信頼感を伝えようと努めることが適正のベースだと考えてください。

- ●目を見て話す
- ●他者との適正な距離感をつかむ
- ●相手の立場になって考える

ミニコラム

　倉橋惣三『育ての心』と、同じく倉橋惣三『子どもの心とまなざしで』は、保育者としての自分の心性に大いに気づかせ、学ばせてくれる著作です。保育者としての適正は、努力して自分を磨けば獲得できるはずです。

Step4 保育者の基本

44
子どもを愛し慈しむ

佐々木先生は、高校卒業後、目的を持たずなんとなく短大の保育科に入学し、学校の就職課のすすめに従い、現在の職に就き今日に至っています。そのため、子どもに対して興味や関心が薄く、日々の保育もなげやりで、はつらつさがないようです。そんな雰囲気を敏感に察しているのか、子どもたちも何となくまとまりがありません。

マイナスポイント

幼児期に保育者が子どもに及ぼす影響は計り知れないものがあります。単に与えられたカリキュラムをこなすだけではよい指導はできません。成長した子どもたちが幼児期を振り返ったときに、自分が受けた保育に幻滅してしまってはかわいそうです。また、保育者自身も仕事の達成感が感じられず充実感を味わえません。心を開いて目の前の子どもたちとかかわり、慈しみの心を育てなければ保育ははじまらないのです。

●カリキュラムをこなすだけ　　●気持ちがこもっていない　　●子どもがかわいくない

アドバイス

　子どもの身になって考え、子どものいうことを子どもの目線に合わせて、精魂込めて聞き、子どもにわかる言葉で話しかけましょう。そうすれば子どもに感情が移入し、慈しみの心を持てるようになります。そして、笑顔も忘れずに。笑顔は万国の共通語です。すてきな笑顔は人と人とを近づけます。

●子どもの話を聞く　　●子どもがわかる言葉で語りかける　　●笑顔を忘れない

ステップアップ

　子どもを愛し慈しむのは保育の基本です。これを怠っていると指導の円滑な進行に支障をきたす可能性があります。たとえば朝、子どもを迎える際に体全体で抱きしめてみてください。体の温もりが伝わり、自分と相手に安心感が生まれ、徐々に愛情が育まれていきます。降園のときも同様に抱きしめてからさよならをするとよいでしょう。毎日欠かさずに続けてください。たかが子ども相手と思ってはいけません。子どもたちは敏感に人の気持ちを察知します。

●子どもを愛する　　●子どもを慈しむ

ミニコラム

　慈しみの心を持つには、自分自身を愛することも大切です。それには、自分自身に自信を持つことです。自分自身の好きなところも、そうでないところもしっかりと受け入れられる人になってください。自分を愛せる人が人をも愛せるのです。

Step4 保育者の基本

45

子どもの気持ちに共感できる

給食を食べているとき子どもがおいしい顔をして見せました。「おいしいね」と正しい日本語を発する保育者がいました。しかし、心が入っていません。また、別の保育者は「おいひい!」とはしゃいで応えました。正しい美しい日本語ではありませんが、そこには一体感がありました。いかに目の前にいる子どもに添った気持ちになるかが大事に思えました。

マイナスポイント

「長い針が3のところにきたからおかたづけ」「今日の〇〇会はこれで終わりー」「はい、お誕生日おめでとう」など、事務的、一方的で、そのときが終わればよしと考え、子どもの気持ちに添わない温かみのない保育を見ます。子どもの気持ちに共感できることは、一緒に喜怒哀楽を味わい、「楽しかったね、また今度しようね」「みんながおめでとうっていってくれてうれしいね」といった、愛情ある言葉のかけ合いが見えるものです。

●一方的な保育　　●事務的な保育　　●保育者中心の保育

アドバイス

　気持ちに共感するには遊びが一番です。それには、保育者自身がその遊びを楽しいと思っていること、発達に合った遊びを選ぶことです。そして、ひとりひとりをよく見つめ、愛情を持って語りかけ同じ気持ちになることです。一緒に体を動かすと、自然と気持ちが通じてきます。

●子どもと遊ぶ　　●子どもひとりひとりを見つめる　　●話りかける

ステップアップ

　生活や遊びの中で、ひとりひとりの子どもとかかわり気をかけます。保護者と話し合い、子どもの情報を得ていきます。どういう遊びが好きなのか、どういうことが好きなのか、ささいな情報であってもヒントを得られる場合があります。また、保育技術を研鑽し、新聞や本を読み、いろいろな場面や人に出会い、技術や知識、感性を磨きます。そして、子どもの気づきや発見を受け入れ前向きに接します。つねに子どもの立場で話し、ともに感じ合うことです。

●子どもの情報を集める　　●知識や技術を身につける　　●子どもと一緒に感じ合う

ミニコラム

　フランスの思想家ルソーの名言の中に、「子どもを愛するがいい。子どもの遊びを、楽しみを、その好ましい本能を、好意を持って見守るのだ」とあります。愛することで子どもの気持ちが見え、共感することがいっぱいになることでしょう。

Step4 保育者の基本

46
えこひいきしない

今日の個別面談は、お気に入りのゆかりちゃんのお母さんと、何かと手のかかるけん君のお母さんです。一人10分と決められていましたが、話題の多いゆかりちゃんのお母さんには20分かけ、けん君のお母さんとは簡単に5分ですませてしまいました。その後、けん君のお母さんは、面談の標準時間を耳にされたそうです。

マイナスポイント

「えこひいき」は、保育の基本に大いに反し、厳重に慎まなくてはならない行為のひとつです。自分のお気に入りの子ども、扱いやすい子どもにだけ肩入れしていては、適切な保育・クラス運営は到底行えません。保育者として、園児や保護者に対して平等に指導できなくてはいけません。子どもの気持ちになって、保育者から冷たくあしらわれたとしたら、その子はどんなにさびしい思いをするか、よく考えてみましょう。

●お気に入りの子に肩入れする　●手のかかる子を嫌う　●ほかの子と比べる

アドバイス

　気に入らない子ども、手のかかる子どもだからといって毛嫌いして疎遠になっては、その子への保育に支障をきたしてしまいます。気に入る子だけを保育することはできません。手がかかる子こそ保育者の援助が必要なのです。任された子ども全員を平等に指導するのが保育です。

●話しかける　　　　●その子が好きなことを　　　●喜びを分かち合う
　　　　　　　　　　　一緒にする

ステップアップ

　手のかかる子どもであっても、子どもの能力を多方面からとらえ、得意な分野を見出しそれをほめて自信をつけさせ、劣っている分野については繰り返し指導し、少しずつその能力の伸長を図ります。劣っている能力を伸ばしてやるのも保育者の務め、責務で、それを達成したときの喜びは格別です。また、特定の園児や保護者に苦手意識を持たないこと。相手に違和感を感じそうになったら、逆に近づいて言葉をかけるとよい関係を築くことができます。

●繰り返し指導する　　　●失敗しても怒らない　　　●よいところをほめる

ミニコラム

　人はそれぞれ受け止め方や見解が異なりますし、これまでに辿ってきた経路や今後の進路も各々異なるということをわきまえ、園児、保護者、保育者とも適切な距離を保つべきです。それが、自己の向上につながります。

Step4 保育者の基本

47 子どもといつも楽しく遊べる

子どもたちが砂遊びをしている中で、数人の保育者も一緒になって遊んでいるかと思うと、遊ばせながら保育者同士で私的なことを話し合って盛り上がっていました。そんな場面が多々見られることもあり、職員会議のときに話し合いました。よく考えればわかることですが、庭に出るとついおしゃべりをしてしまうことがあります。

マイナスポイント

保育時間は長いので、庭に出て自由に遊んでいるときは、危なくない程度に見守っていればおしゃべりはいいかなと思ってしまうのでしょう。しかし、ころんだときの手のつき方や表情など、細部まで見てやれないことにもなってしまいます。仕事と休憩の切り替えをうまくして、子どもといるときは体も心も子どものほうへ向けて、語りかけたり、遊んだり、一緒に作業したりするなどして、コミュニケーションを密にしましょう。

●私的なおしゃべり　　　　●見守るだけ

アドバイス

　まず、子どもの様子をよく観察しましょう。子どもの遊びを見ているだけでいろいろな発見があるはずです。それが見えなかったら、とにかく仲間に入れてもらって遊んでもらいましょう。また、遊びの基礎知識は身につけておきたいものです。子どもと一緒に遊べる保育者は、何よりも輝いています。

●子どもの様子を観察する　　●一緒に遊んでもらう　　●遊びの知識を身につける

ステップアップ

　いつも楽しく遊べるように、子どもたちの様子を観察して、そこで見つけたヒントから遊びを発展させてやりましょう。また、遊びの主役は子どもたちだということもつねに頭に入れておいてください。自分が主になってしまうと、子どもたちが見えなくなったり、無理にまきこんでしまったりします。何もやりたくないときもあるのです。そんなときは、のんびりした遊びを取り入れてやりましょう。つねに楽しく遊ばなくてはと無理に考える必要はありません。

●遊びを広げる　　●目を配る　　●無理をさせない

ミニコラム

　遊びは日本の大切な文化です。子どもの遊びについて、勉強したり、実践を通して身につけてください。参考文献として『にほんのわらべうた』『二本松はじめのつながりあそび・うた』などがあります。保育雑誌の中にも手遊び、遊戯などが紹介されています。

Step4 保育者の基本

48
お話の大切さを知る

最近の保育現場では、子どもたちにお話を聞かせる機会が少なくなっているのではないか、という指摘を受けます。よく見ると、たしかに少なくなっているように思えます。熱心に取り組む園がある一方で、保育者のお話がテレビに取って代わられていることも事実です。あるいは、子どもたちのやることが多すぎてゆとりがなくなった結果かもしれません。

マイナスポイント

お話は子どものための文化財です。子どもはお話を通して心を踊らせ、ふくらませ、想像し、考え、心を育ててきました。お話を聞く機会が少ないということは、人間としての心を培うという課題性にとってはマイナスです。幼児期に心情を豊かに育てることは、原体験の観点からも重要な意味を持っています。語り継がれてきた昔話や、何度も繰り返し聞いたお話が、人間としての心を、また日本人の心をつくっていきます。

●テレビですませる

●同じお話ばかり

アドバイス

お話や童話の役割とその意義について改めて考える必要があります。童話の世界は奥が深く、大人にとっても深い意味を持つ内容が多いようです。保育の世界に入る人は、多くの童話にふれてほしいものです。どんな語り方であっても好きな先生から聞くお話は心に残ります。

● 本屋で絵本コーナーに立ち寄る　　● 読書をする

ステップアップ

お話を選ぶときは、年齢に合った内容であることがひとつの選択基準になりますので、新人保育者の場合は、上司や先輩に相談することも賢明な方法です。しかし、いつまでも頼ることは適当でありません。意識的に絵本や童話などの幼児文化財に興味を持つことが必要です。早さ、声量、間の取り方など、読み方話し方の技術面は経験とともに学習されていきますが、大切なことは保育者自身がお話が好きで、心を込めて読み話すことにあります。

● 年齢に合ったものを選ぶ　　● 読み方、話し方を意識する　　● めくるタイミングに気をつける

ミニコラム

童話作家の松井直は「お話は子どもに生きている歓びを感じさせ、生きる力を与える」といっています。お話は幼児のための文化財そのもので重要な意味を持っていることはたしかです。ペロー、アンデルセン、グリム、ラ・フォンテーヌにその源流を求めましょう。

Step4 保育者の基本

49
保育の技術

> 新人保育者の長谷川先生は、悩みがどんどん深くなり、勤務が苦痛になりつつあります。原因は、子どもたちとの付き合いを楽しくする保育技術の不足を痛感しているからです。紙芝居を読んでいても子どもたちはなんだかつまらなそう。整列をしても時間がかかってしまいます。どうしてほかの先生のようにならないのかと悲しくなります。

マイナスポイント

　紙芝居を読む、絵本の読み聞かせ、うたを歌う、ピアノをひく、絵をかく、リズム表現、動植物に詳しい、手あそび、おりがみ、指あそび、語りかけ。いわゆる保育の技術を具体的に要することを考えると枚挙にいとまがありません。これらは、上手であることにこしたことはありませんが、はじめからそうはいきません。しかし、保育の技術は、本人の努力次第でどうとでもなることばかりです。自己研鑽を怠ると迷惑するのは子どもたちです。

- ●基本技術を習得していない ×
- ●語りぐせに妙なイントネーションがある ×
- ●強制する ×

🧑 アドバイス

　保育の基礎についてしっかりと学び、自分なりの保育観を持っている人であれば、うたやお話が下手でも悲観しないでください。とはいえ、自分で、歌う・踊る・語りかける・さそうなどを工夫して、精進をせねばなりません。中身の補充を忘れ、保育の技術のみに偏ると、専門性を見失いがちになります。

●自分の弱点を知る　　●練習をする　　●上手な人から学ぶ

🧑 ステップアップ

　子どもたちと毎日接していく上で、一番大切な保育の技術は「言葉」です。あれもこれもと欲張らずに、自分の「言葉」「声」「表情」に気づき、磨いてください。声の質に応じたやさしい口調、子どもが耳を傾けるような言葉づかい、話しているときの表情など、これらは使わない時間がないほど駆使する保育技術の基本です。欲張ったり、何もできないと落ち込むのではなく、必須条件をまず獲得してください。やればできます。

●にこやかな笑顔とやさしい声　　●その子に合った指導をする　　●子どもの反応を確める

ミニコラム

　保育者として勤務するのであれば、おりがみ、うた、絵本、ゲーム、お話、指あそびなど、最低限の技術を持っているのはあたりまえのことです。養成校で学んでいるあいだに、ひとりよがりではない保育技術の基礎を身につけてください。

Step4 保育者の基本

50

わからないことや疑問点は聞く

気軽に人にたずねる習慣を持たない人は意外に多いようですが、とくに若い人の間にそのような傾向があるようです。孤立しがちな現代っ子の側面かもしれませんが、保育の世界に目を向けてみても同様の傾向は否定できません。上司にひとことたずねてから保護者に返答すればよかったのに、独断専行といわれてもいたしかたない場面をよく目撃します。

マイナスポイント

楽しげに会話を交わしている場面をよく見かけますが、"お茶飲み話に花が咲く"は今も昔も変わらぬ光景のようです。しかし、大事な話や仕事の話になると、なぜか打ち解けた会話は鳴りを潜める傾向にあるように思えます。プライドの問題があるのか、責任意識が希薄なためなのかはわかりませんが、子どもを対象に保育や教育を行う者にとってはマイナスです。責任ある対応ができないという重大な欠陥を招く心配が考えられます。

●確認しない

●自信がないまま進める

●知っているふりをする

アドバイス

　幼稚園や保育所は小規模なりに組織で動いていますので、職員間では絶えず意思の疎通が要求されます。わからないことをわからないまま放置することは許されません。たとえささいなことでも不明な点を正し、自信を持って仕事にあたるようにしましょう。新人保育者はまずたずねることを心がけましょう。

●コミュニケーションを築く　　　　●素直になる

ステップアップ

　上司にたずねたり、うかがいを立てることは社会人として当然のことです。とくにはじめのうちは、意識的にまた積極的にたずねるようにしましょう。たずねられていやがる上司などいません。むしろ、予想外の答えが返ってくる場合もありますので、聞いて損することはないはずです。新人保育者の場合は、まだ自分の世界も狭く、知識も豊かではないので、自分の世界を広げる意味からもこちらからたずねたり、話しかけてみたりしましょう。

●少しでも不安なときは　　●疑問はすぐに解消させる　　●ささいなことでも報告する
　たずねる

ミニコラム

　たずねるは一時の勇気といえます。恥でも何でもありませんので、気軽に聞いてみるようにしましょう。会話を通して人間関係もプラスに転じ、信用を高めるチャンスにもなります。園長先生はむしろたずねてくれることを待っていると思います。

Step4 保育者の基本

51
日々研鑽しようとする意欲

職場での経験年数は同じであっても、内容がまるで違う存在になってしまったということはよくあることです。日々子どもに翻弄（ほんろう）され、むなしく時間が過ぎてしまう伊藤先生と、今日うまくいかなかったのはなぜかと考える安達先生。少しずつ積み上げた3か月後、安達先生は子どものことがわかりはじめ、保育者として「やっていけるかも」という自信がつきました。

マイナスポイント

目の前にいる子どもたちが起こしている現象がわからない、どういう言葉をかければよいのかわからない、といったときでも、保育が刻々と動いていく中で、私たち保育者は適切に援助していかなくてはいけません。思わず頭ごなしに怒ってしまった、大人の価値観で決めつけてしまった、保育がマンネリ化してきたなど、保育者としての努力を怠ると、自己満足の保育をしかねません。これでは子どもには悲しい環境になってしまいます。

● 子どもを目の前に途方にくれる　● 頭ごなしに叱りつける　● 一日の反省をしない

アドバイス

　保育をしていく中で、困ってしまったこと、言葉がけに迷ったこと、説明がうまくできなかったことなどがあったら、つまずいたことに関してていねいに記録してみることが大事です。そしてそのひとつひとつについて、検証するくらいの気持ちを持つことです。失敗から学んでゆきましょう。

●失敗を記録におこす　　●先輩に相談する　　●苦手なことを克服する

ステップアップ

　子どもの姿を見つめてみましょう。たとえば、毎日砂場で型抜きをしている子どもがいます。たまにほかの子とすることはあってもほとんどひとりです。このことを「ほかの遊びをみつけられないのだろうか」ととらえるか、「何が面白くて毎日続けているのだろうか」ととらえるかでは多いに違ってきます。後者であればその子の遊びに寄り添い、わかろうと努力するでしょう。その想いを持てることが実は重要なことで、結果として向上心につながるのです。

●子どもに寄り添い観察する　　●わからないことは調べる　　●次の保育のイメージ・トレーニングをする

ミニコラム

　茶道に「一期一会」という言葉があります。千利休は豊臣秀吉をもてなす朝、咲いていた朝顔を一輪だけ床の間に飾り、ほかすべてを摘み取りました。この出会いを一生に一度の出会いと思い、最大のもてなしを演出したのです。子どもとの出会いも一期一会です。

Step4 保育者の基本

52

プロ意識

保育者のプロ意識が弱いという非難の声を耳にします。たしかに、簡単に欠勤する、遅刻が多い、努力しないなど責任感に欠ける行動が目についたり、あるいは、礼儀作法など人間としての最低限のマナーに欠けている人がいます。これは保育者だからということではなく、どのような職種であれ責任性の問題と専門職への制約性は当然なことです。

マイナスポイント

プロとしての意識が希薄になると、責任ある保育体制は薄れ、気楽なフリーター的保育者による無責任な保育が展開される心配があります。生涯教育の基礎期としての重要性からも、保護者の期待に沿う観点からも、保育者はプロ意識を持って職務にあたることが求められています。無責任な保育者はやがて子どもからも保護者からも見放されることでしょう。専門性がますます求められている職種です。社会的責任を重く受け止める必要があります。

●無責任な態度　　●フリーター的保育者　　●サラリーマンだと思っている

アドバイス

　これから保育者になろうとする人は、保育という仕事の内容を再確認し、きわめて責任の重い仕事であるということを十分理解しておく必要があります。子守り程度の認識で就職しないでほしいものです。相手が子どもだから何とかなるといった安易な考えは許されません。

●保育の内容を理解する　　●子どもだからと見くびらない　　●見聞を広げる

ステップアップ

　特別な知識がなくてもどうにかなってしまう面があるため、どうしても安易に考えてしまう傾向があるようです。しかし、保育者の責任は大きく、一層の専門性が求められています。弱点を認め、積極的に研鑽（けんさん）を積み、専門家としての資質向上に努める必要があります。基本的には各自の意識の問題になります。専門性の側面とあわせて自分自身の社会的使命を自覚して邁進（まいしん）することを期待します。子どもたちは、きっとあなたの頑張りに気づいてくれるでしょう。

●専門性を高める　　●責任感を持つ　　●目標を持つ

ミニコラム

　保育者の資質としては「専門性と人間性の一体化」ということがいえます。プロ意識の問題は、まさにこの専門性と人間性の問題にかかっています。保育者の質的向上がこれからの保育の内容、実践に大きく影響を与えていくことはたしかでしょう。

Step4 保育者の基本

53

指示がなくても動ける

　指示がなければ何もできないという、いわゆる指示待ち人間が増えています。慎重で控えめという評価もあるようですが、むしろ自分の意志では動けない、規格化された人間がつくられている結果かもしれません。指示された範囲のことは忠実にやり遂げますが、指示されないことには気が回りません。保育の世界では気配りが大切な要素となっています。

マイナスポイント

　少人数の保育者で子どもたちを保育するには、保育者間のチームワークが不可欠です。チームワークの重要な要素は、保育者同士の気配りと行動といってもよいでしょう。指示がなくては行動できないということではチームワークは成り立ちません。いつ何が起きるかわからない保育現場においては、臨機応変に自ら行動がとれる保育者でなければ役には立たないでしょう。お互い気づき合って積極的に行動することが必要です。

●活動内容を把握していない　●指示がないと動けない　●自分の行動に自信がない

アドバイス

　いままでの学校教育が指示待ち人間をつくってきたとばかりは言い切れませんが、指示に従うだけの教育を受けてきた人にとって、自ら考え、判断し、行動する生き方が苦手なのかもしれません。これからは意識的に自ら考え行動する生き方を心がけてほしいものです。

●自分の考えを持つ　　　　●助け合いの気持ちを持つ

ステップアップ

　保育の世界に絞って考えてみれば、まず、保育活動全体を知る必要があります。そのためには、子どものことを理解していなければ何もはじまりません。目をよく見開いて、子どもを中心に保育活動全体に注意の目を向けることです。保育者の動きの必要性も徐々にわかってきます。その上で自らの気配りに対して意識的に取り組み、積極的に行動する自己改革が求められます。学ぶは「まねぶ」からきた言葉です。先輩の動きを見てまねることが近道です。

●子どもを理解する　　●保育活動の流れをおさえる　　●必要な援助を行う

ミニコラム

　指示がなくとも主体的に考え、判断し、即座に行動へと移せる保育者が求められます。動的な子どもに即応する保育の世界にあっては、いちいち指示を待ってから行動するのでは間に合いません。適時性を失うことのないよう生きた保育活動が望まれます。

Step4 保育者の基本

54
臨機応変の行動ができる

外の水道で手を洗っていると、突然ひとりの子がハンカチで庭の雑巾がけをはじめました。おもしろそうなことは広がるもので、あっという間にほかの子たちもまねをしだしました。担任の岡先生はどうしていいかわからず動けません。子どもの気持ちを受け止めながら、ハンカチは手をふくものと教え、代わりに軍手や雑巾を使うといった対応がほしいところです。

マイナスポイント

保育のハプニングにどう対処するのかということです。園庭で行事をしているとき急に雨が降ってきました。「どうしましょう」とうろたえていては子どもたちの健康や安全は守れません。すぐに軌道修正することが求められます。また、問題が生じたときに迅速な行動ができないと、ほかの保育者や保護者から安心して任せられないと思われ信頼を失います。日頃の積み重ねが行動にあらわれます。つねにいろいろな場面を想定し、対処方法を考えておくことです。

●うろたえる　　●的確な行動ができない　　●子どもを不安にさせる

アドバイス

　保育は日々の変化にどう対処していくかにつきる、といっても過言ではありません。それこそ子どもの心の動きにどう応え、どう育てていくかがポイントになります。「どうしましょう」ではなく「こうしましょう」と適切かつ積極的に行動できるようにします。経験の積み重ねから学んでいきましょう。

●子どもの心の動きに応える　　●先輩の経験談を聞く 　　●講演会や研修会に参加する

ステップアップ

　保育を進める中で、子どもたちの思わぬ気づきがあれば、それに従い思いや発見を大切にします。また、ハプニングや緊急事態が起きたら、慌てず騒がず行動します。保育者が「きゃー」などと悲鳴を上げたら、子どもたちはもっと不安になります。小さな心によけいな負担を与えてはいけません。上司からの指示があれば従い、事前打ち合わせやマニュアルの範囲であればそれに準じます。それ以外の場合は、まず目の前にいる子どもたちの安全を確保します。

●計画はあくまでも計画　　●慌てず騒がず行動する 　　●適切に処理する

ミニコラム

　臨機応変とは、思わぬ出来事に遭遇してはじめて、対処方法を考えるということではなく、窮地を予測しておき、窮地に臨んでは予測しておいたとおりすばやく対応すること、と元警視監の宇田川信一氏は述べています。多くの予測を持てる保育者をめざしましょう。

Step4 保育者の基本

55
何かひとつ特技を持つ

ともに2年目の上野先生と杉浦先生。前年の経験から1年間の園のながれはつかめて取り組んだ2年目ですが、どうも様子が違います。上野先生のクラスからは弾むようなピアノの音とともに、生き生きとした子どもたちの歌声が聞こえてきます。杉浦先生もピアノは大好きで弾いてはいますが、歌っている子どもたちにまとまりがなく、楽しそうではありません。

マイナスポイント

キラキラ輝いて、子どもたちと気持ちの疎通ができ、楽しそうに仕事をしている先輩や同僚を見て、「自分も負けない！」と頑張るのはいいのですが、うらやましがったり焦ったりしないことです。すべてが中途半端になりやすく徐々に自分らしさが失せていきます。結果として保育が魅力的でなくなり、クラスのまとまりに欠け、ミスが多発するようになります。子どもたちは園にきても楽しくないので、登園を渋るような事態を招きかねません。

●どれも中途半端　　●自信を持てない　　●焦る

アドバイス

　人は皆個性的です。同じ技量であってもどこかに違いがあります。自分はほかの先生と何が違っているのか、自分探しをする必要があります。その違いが自分らしい部分なのです。それを強みにしていきましょう。人も環境。園にはいろんなタイプの人がいることを望みます。

●自分探しをする　　　　●習い事をしてみる　　　　●好奇心を持つ

ステップアップ

　保育者の仕事は多岐にわたっています。生活指導、子どもとのかかわり、心の理解、描画・表現活動、飼育栽培など、これらすべてをよく知りわかっていれば素晴らしいことですが、なかなか難しいことです。慌てず、焦らず自分の中の得意なものにスポットを当ててそれを育てる努力、練習をしましょう。人間ですから得意、不得意があってあたりまえです。自分の得意分野から手がけて、このことでは「A先生ね」といわれるオンリー・ワンにまずはチャレンジ！

●得意分野に磨きをかける　　　　●子どもと一緒に楽しむ

ミニコラム

　子どもとの生活の中から、2年間で自分なりの確固たる保育観が出来上がっていくプロセスが自身の保育日記の中で語られています。この保育観に裏打ちされた行為は、まさに特技です。石丸るみ・本吉圓子著『先生ママみたい』はぜひ読んでほしい一冊です。

Step4 保育者の基本

56
正しい日本語を使う

横浜生まれの横浜育ち、生粋の「ハマっ子」の渡辺先生。言葉もハマっ子らしく文末に「じゃん」をつけ、「それで、いいじゃん！」「ひどいじゃん！」など。保育時間中は気をつけていましたが、長く親しんできた言葉ゆえ、ついつい園児にもとっさのときに使ってしまいました。以来、園児が模倣をはじめて、園中に「じゃん」が響くはめになってしまいました。

マイナスポイント

「じゃん」に限らず、保育では正しい日本語を使うべきです。とくに、幼児はさまざまな事象にふれて吸収し成長しますので、人的・物的環境の整備に十分に留意してほしいものです。幼いからと思って軽視しないこと。幼少時の経験や活動は、ささいなことでも心の深層に深く影響していきます。「三つ子の魂百までも」です。それに、正しい日本語を使えなくては、どんなにピアノが上手でも、紙芝居をうまく読めても、保育者としての完成度は低いままです。

●言葉づかいが悪い　　●人に不快感を与える　　●語彙が少ない

アドバイス

　正しい日本語を話すように心がけます。それには、NHKのニュース番組を見てください。NHKのアナウンサーは読み間違いが少なく、イントネーションも正確です。また、紙芝居や絵本は文章が精選されているので、朗読すると効果的です。新聞を読むのもよいです。俗語、流行語からは距離を置きましょう。

●NHKのニュースを見る　　　　●本を朗読する

ステップアップ

　文末の表現を「だよ」とか「なの？」ではなく「です」とか「ですか？」など、よりていねいないいまわしに変えてみましょう。これは、保護者の方だけでなく園児や自分の両親に対しても同じです。言葉に出して積極的に練習してください。人の上に立って指導にあたるには、それ相応の努力や言葉づかい、心配りが必要です。はじめは少し違和感があると思いますが、すぐに慣れます。また気持ちが切り替わり、いままでと違った考えや、態度、責任感が生まれます。

●ていねいないいまわし　　　　●だれにでも同じように言葉をかける

ミニコラム

　国際化がますます進み、近頃では英語の修得が必須の流れになってきました。しかし、外国語の習得にいくら努力しても自国語自体が満足にこなせないと、その履修はきわめて困難です。外国語の習得には、日本語を正しく使えることが前提条件なのです。

Step4 保育者の基本

57

笑顔で接する

「おはようございます」とあいさつしても、目を合わせない人がいます。また、おじぎをするだけの人もいます。子どもには、「相手の目を見てお話しましょう」「元気にあいさつしましょう」と指導する保育者が実践できないのはどうしてでしょう？　心を込め相手の目を見て笑顔で接することは、人間関係の第一歩であり大切なことです。

マイナスポイント

人の魅力のひとつに笑顔があります。子どもは笑顔の人が大好きです。でも、子どもにどういう表情をしたらいいかわからないという人がいます。笑ってばかりではいけませんが、心を開きかかわり合うのに笑顔は大切です。笑顔は人を安心させ親しみを寄せます。しかし、笑顔のないことで、子どもたちから怖い先生と見られ遠ざけられます。子どもとかかわれないことは、子どもの気持ちがとらえられず、保護者との関係も築けず、確実な保育ができなくなります。

●無表情　　　●近寄りがたい　　　●怖がられる

アドバイス

　笑顔には健康な生活が大切です。朝食抜きや夜更かしではいけません。また、「目は口ほどに物を言う」といいます。人に対して誠心誠意接することです。そこに笑顔がともなっていきます。つくり笑いや愛想笑いはすぐに見破られます。素直な笑顔で向かっていくことです。

●健康的な生活　　　●誠意を持って接する　　　●素直な笑顔

ステップアップ

　笑顔で接するために規則正しい生活リズムをつくります。疲れを残さないよう健康管理に留意して、趣味を生かしリフレッシュして心身を充実させます。悩みやストレスは表情や態度にあらわれます。早めに解消することです。また、保護者や仲間などいろいろな人とコミュニケーションをとります。内面に磨きをかけることも忘れてはいけません。そうして人との和が生まれ、よい保育環境がつくられていきます。笑顔がつなぐということは、とても尊いものです。

●笑顔は人を警戒させない　　●笑顔は人を和ませる　　●笑顔は人と結びつける

ミニコラム

　生命科学の研究をしている村上和雄氏の『生命のバカ力』の中には「笑いは自然の大笑いや微笑だけでなく、作り笑いや思い出し笑いでも効果がある」と、笑いがどんなに健康にいいのかということが書かれています。大いに子どもと笑い合っていきたいですね。

Step5 豊かな人になるために

58 心やさしい人

> 0歳児の部屋です。担任の先生が赤ちゃんを抱っこしてあやしています。まわりの赤ちゃんたちもやさしく見守り、いとおしんで接している原田先生。同じく抱っこして、自分の側にいる子に話しかけている山崎先生ですが、ひとつひとつの動作がおざなりで、いとおしんでいるような様子は見受けられません。もっとやさしくできないのでしょうか。

マイナスポイント

同じように抱っこしたり、おむつを替えたりしていても、それぞれの保育者が発する雰囲気は、空気にまざり明確にその人の実像をあらわします。幼ければ幼いほど、身近に接する人がやさしい人であることを、保護者も子どもも望んでいます。まして職業として子どもたちと向かい合っている保育者ですから、皆がこのことを保障しなければなりません。言葉が十分に発達していないので子どもは苦情をいいません。あなたは心やさしい保育をしていますか？

●心がこもっていない　　　　●知らないふり
×　　　　　　　　　　　　×

アドバイス

「ガンバレ！ガンバレ！」と励まされても、そんなにいつも頑張れるものではないことを大人ならだれでも経験していることでしょう。身も心も小さく、すべて未経験からの出発の子どもにとって、どれほど大人のやさしい支援を必要としているかわかりません。はじめて出会う大人はやさしい人が最適です。

●抱きしめてやる　　●気持ちを受けとめる　　●見守る

ステップアップ

「あの先生、やさしいから甘えて困るのよ」などといったりします。やさしいと甘やかすは、内容がちがいます。ここでいう「やさしい」は、相手の立場になって、物事を感じ考え、共感性を持って認め合う心性のことを指しています。保育者は、いろいろな場面にぶつかり、泣き笑いしつつ成長してゆく子どもたちとかかわることが仕事なので、子どもの心身をやさしく受けとめることが必須です。受けとめられてこそチャレンジする意欲がわくのです。

●きちんと注意できる　　●甘やかさない　　●しっかりほめてやる

ミニコラム

『ぼくにげちゃうよ』『つたわるきもち』、画集『野の花のこみち』などをぜひご一読ください。ときには自分のために絵本を読み、美しい絵を見、音楽を聞きましょう。そして自分のやさしい心を呼び戻してください。

Step5 豊かな人になるために

59

心豊かな人

制作の時間、ボーッとして何も手をつけない子どもがいました。先生から「あつし君なにやってるの、みんながんばってやっているよ。早くやらないと外で遊べないよ」といわれ固まってしまったあつし君。先生から、「いっぱい考えているんだね。ゆっくりでいいよ、よく考えてえらいね」というひとことがあったらどんなに救われたのかと思うと残念でした。

マイナスポイント

保育者はやることがたくさんあります。とくに行事の前になるとあわただしくなり、子どもたちの表情をゆっくり見ていられる心のゆとりもなくなってきます。そんなときに保育者がカリカリしていたら、子どもたちはどんなに不安になることでしょう。また、練習のときに、失敗してみんなの前で叱られたら、どんなに辛い思いをすることでしょう。保育者は、一方の方向性を示しつつも、ひとりひとりの個性を大切にして、見守ってやれることが大切です。

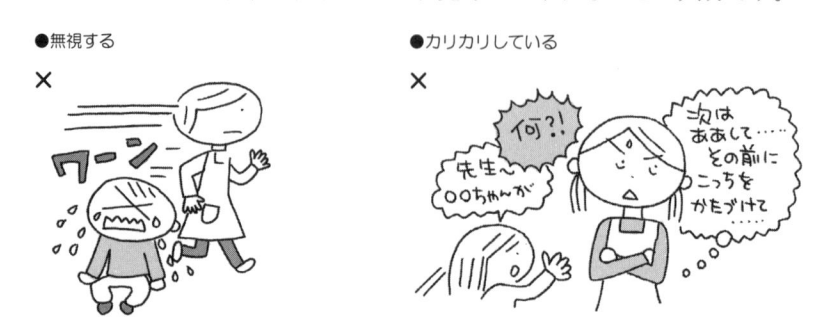

●無視する

●カリカリしている

アドバイス

　心豊かな人になるには、自分の悪い点もわかった上で自分のいいところをしっかりわかっていることが大切です。そして、つねに前向きで広く浅くでいいのでいろいろなことを知ることも必要です。自分の得意なところを伸ばして子どもたちと接してください。彼らから得ることはそれ以上にあるはずです。

●自分のいいところを知る　　●新聞に目を通す　　●子育て情報を集める

ステップアップ

　若いときは自分の思いばかりが空回りして、思うような保育ができないと悩むことでしょう。でも、それも自分を大きくするひとつなので、しっかり記録して反省しておくことです。その積み重ねが自信につながります。そして、自分が主で動かすのではなく、子どもの気持ちに寄り添いながら活動を繰り広げていってください。美しいものをみんなで美しいと感じれば喜びも倍になります。心がけひとつで、子どもとの生活は自然に心を豊かにしてくれます。

●経験を積む　　●子どもに合わせる　　●楽しさを共有する

ミニコラム

　心豊かな人になるためには、コミュニケーションが上手にとれることが必要です。まわりの人と上手にコミュニケーションをとりながら、相手からすばらしいものを吸収して、より心を豊かにしてください。まずは自分自身を好きになることです。

Step5 豊かな人になるために

60

気づき・気配り

気づき、気配りのない人が増えているようです。街を歩いていても、電車に乗っても、レストランに入っても、自分勝手で他人のことはおよそ考えない人が多いのに驚きます。保育者の中には、子どもの気持ちや子どもからのシグナルに気づかない人がいます。言葉で表現できない子どもへの気配りは保育者の課題のひとつです。

マイナスポイント

気づき合うことや、気配りの失われた社会は、殺伐とし穏やかな雰囲気が失われ、人間関係は希薄になってしまうことでしょう。保育は職員が一体となって行うチームワークの世界です。職員の間で絶えず気づき合う姿勢がないと保育にムラが生じ、見落としが生まれ、保育活動は成立しません。その意味からも、保育の世界は気配りの世界であるといえます。つまり、気づきのない人は保育者としての適性に欠けるということです。

●まわりが目に入らない　　　　　●自分のことしか考えない

アドバイス

　どんな仕事でも、気づきや気配りといった心のはたらきは大切な条件です。人によって差がありますが、多くの場合は生まれ育った環境と無縁ではないようです。しかし、これからでも遅くはありません。できるだけ他人に関心を持ち、まわりのことに目を向けるように努めてください。

●いろんな人と接する　　　　　●人にしてもらってうれしかった
　　　　　　　　　　　　　　　　ことは人にかえす

ステップアップ

　気づきや気配りを身につけるには、その必要性を十分認識した上で、それを意識しながら気づきを行動に移すことが必要です。他者に対する思いやりの心を持つと同時に、身近な環境にも目を向け感性を豊かにする努力をしましょう。年齢とともに気配りが身についてくるといわれる理由も、自分を取り巻く環境とのかかわりの中で習得されることを証明しています。その点からも、先輩や上司からの指摘や指導がいかに大切であるかを再認識してください。

●人を思いやる　　　●広い視野を持つ 　　　●感性を磨く

ミニコラム

　気づきや気配りは、大家族主義とふすまで仕切られた日本家屋から生まれた日本の文化であるいわれてきました。それがいまや核家族となり、家も個室化され、家族に気づかう必要のない生活となりました。気楽さと引き換えに自己中心的な人間が増えています。

Step5 豊かな人になるために

61

人柄・人間性

　人柄は社会人にとって重要な要件で、信用をはかるバロメータのひとつともいえます。人柄（人間性）についての解釈は人によってさまざまでしょうが、一般的にはその人の本性、生き方、人間らしさなどを指します。最近、保育者の中にも礼儀作法、言葉づかい、人を思いやる心の薄れた人が増えているという声を耳にします。

マイナスポイント

　幼い段階での人格形成に、計り知れない影響を与える保育者の人柄は、重要な意味を持っています。いくらすばらしい保育技能を身につけていたとしても、その技能を生かし、支配し、コントロールするのは保育者その人です。技能はあくまで保育手段であって、技能が一人歩きしてはなりません。人柄に問題のある人が保育にあたるということは、けっしてプラスになる話ではありません。また、養成校には円満な人柄の保育者を世に送り出す努力が望まれます。

●人を信じない　●不信感を与える　●近寄りがたい

アドバイス

　人柄の良し悪しというのは本人ではわかりにくいもので、同僚や仲間が判断することかもしれません。「人柄がいい」というのはその人のまわりには自然と人の輪ができ、人から頼られる。またいつも笑顔があり、自分のことより人のことを心配し自分から言葉をかける、そんな人を指す言葉かもしれません。

●人のふり見て我がふり直せ　　　　　●玉磨かざれば光なし

ステップアップ

　自分の人柄に自信のある人はそう多くはないでしょう。人柄は年齢とともに変化しますので、就職したてには生意気といわれた人でも、人間関係が広まり深まるにしたがって、あの人はよくできた人だといわれるようになります。人間は社会的動物なので環境の影響を強く受けて変化していきます。その意味でも身近な人の生き方を見て、絶えずわが身を振り返る努力が必要でしょう。ていねいな会話ができるようになるだけでも人は変わります。

●笑顔で接する　　　●人を好きになる 　　　●自分を素直に表現する

ミニコラム

　「人のふり見て我がふり直せ」は「玉磨かざれば光なし」と同じく、人柄を高めるための秘訣が込められています。人柄はつくられるものだということを肝に銘じていただきたいものです。ゲーテは「人格をつくることを以て人の目的とせよ」と説いています。

Step5 豊かな人になるために

62

感性豊かな人

クラスの子どもたちを散歩に連れ出した吉原先生と木村先生。道端の草花の様子を足を止めて、見たり話したり、子どもの声を取り上げたりしている吉原先生。一方、木村先生は、「先生お花があるよー！」という子どもの声にも「そうね」と答えるのみで、どんどん歩いていってしまいます。目的地までの道のりは同じでも、その途中の様子は正反対の２人です。

マイナスポイント

子どもたちが気づいたこと、興味を持ったことが認められない、許されない、つねに保育者が決めた活動ばかりの生活を強いられたらどうでしょう。心が揺さぶられることもなく、無表情で自ら動こうともしない、生き生きとした姿のない子になったり、登園を渋るまでになっては困りものです。人として温かい心の子、活力のある子、存在感のある子に育てようと思うとき、保育者の受容する心と感性は豊かなほどよいのです。

●パターン化した保育　　●指示ばかり出す　　●表情が少ない

アドバイス

　まずはさまざまなものへ興味の目を向けられるようになることです。目を向けることで気づくことができ、気づきがやがて感性へと押し上げてくれます。自由な時間に空を眺めてみましょう。一日の空の色の移りゆく様子、雲の姿、風の匂い、空の青さなど、感じたことを言葉にしてみましょう。

- ●景色を眺める
- ●小動物のしぐさを見る
- ●詩を読む

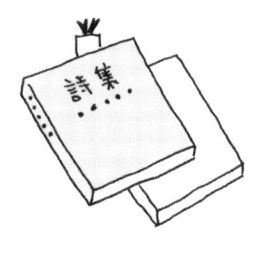

ステップアップ

　感性の豊かさとは、その人がするすべての行為から発せられる「空気」です。たとえば、雑然として清潔さに欠ける室内、雑多なものであふれている室内、相手への気づかいのない言動など、心配りに欠けているとその人らしい感性を見出すことはできません。壁面に貼られている子どもの絵や装飾が何週間もそのままであったり、殺風景な室内、色が氾濫しすぎている室内でもいけません。子どもの感性までも見出せない環境に陥らないよう努力したいものです。

- ●心地よい環境づくり
- ●植物を飾る
- ●子どもの感性に気づく

ミニコラム

　レイチェル・カーソンという米国の女性科学者が書いた『センス・オブ・ワンダー』という本を読んでみてください。甥の2歳のロジャーとの楽しげな小さな冒険・探検ごっこは感性の築かれ方が記されているとてもすばらしい内容のものです。

Step5 豊かな人になるために

63
生きものの世話をする

梅雨時になると「先生ほら！」とお土産持参の子どもがふえてきます。小さなかたつむりから立派なものまで飼育箱に入れられて、子どもたちの興味の的。しかし、4、5日もたつとケース面がくもり、かたつむりもケースの上のほうで動きません。いつしか子どもたちの取り巻きもなくなりました。これでは持ってきた子どもの気持ちもかたつむりもかわいそうです。

マイナスポイント

生きものを飼うということは、責任がともなってくることです。その生きものの常態をよく知り、成育するための環境を整えなくてはいけません。当然、知識の収得と世話をする時間が必要です。保育者がその生きものに対する知識を十分に持っていなかったり、子どもに伝えていなかったために餌を与えすぎたり、強く握りしめたりして、死なせてしまうことがよくあります。また世話をする保育者の姿がイヤイヤでは子どもたちによい影響を与えません。

●世話が行き届いていない　　●餌の与えすぎ　　●いやそうに世話をする

🧑 アドバイス

お世話を子どもたちに依頼すると「汚いからやだー」という子が必ずいます。そんなとき、「虫さんも動物さんも手はあっても、みんなのように上手にお掃除できないの、手伝ってくれるやさしい人はいないかしら」と、生きものを自分たちに置き替えて話をすると、すんなり納得することがあります。

● 身近な生きものを飼う　　● 飼育の参考書を見る 　　● 子どもと一緒に考えてみる

🧑 ステップアップ

小動物や虫たちは小さく愛らしいその姿から、子どもに無理なく受け入れられ、同時にやさしく接しないとなつかないため、相手の心を気にすることを覚えます。たとえばかたつむり。ケースに付着した粘り成分を洗い落としたり、土や石、枝などを据え付け、卵を産む環境を整えたり、新鮮な餌を用意することを教えましょう。また、生きものにふれて遊んだ場合は、必ず石けんや流水で十分に手を洗わせるなどの衛生面の注意を徹底しましょう。

● 飼育の方法を指導する　　● 接し方を教える 　　● 衛生面を徹底する

📋 ミニコラム

日本獣医師会は情操教育の重要性を考え、教育現場への支援を申し出ています。学校飼育動物委員会副委員長の中川美穂子先生たちの調査によると、2006年6月現在、40県1090市区町村で、行政と契約したり学校を支援しているそうです。

Step5 豊かな人になるために

64

常識のある人

東京都私立幼稚園の園長、主任の先生方に、いまの幼稚園の先生方に欠けているものは何かをおたずねしたところ、「常識がない」が一番でした。かつては保育技能が上位を占めていたので時代の変化を感じます。ひとくちに常識といっても広い意味を持ちますが、あいさつ、言葉、身だしなみ、責任感がないという回答が多くありました。

マイナスポイント

保育の世界は人間関係の世界です。子どもとの関係を中心に同僚、保護者と、すべてが対人関係の中にあります。とくに上司や保護者との関係においては、マナーや常識が重要な意味を持ち、場合によっては信頼関係を失う結果にもなりかねません。保育活動にとって信頼関係は不可欠な条件で、それを失うことは大きなマイナスです。常識の有無は、その社会の文化のバロメーターをあらわす側面を持っています。子どもに与える影響を無視することはできません。

●マナーしらず

●信頼を失う

アドバイス

　保護者との信頼関係をはじめ職場での人間関係を形成するためには、社会人が当然身につけておくべき常識が必要です。あいさつをはじめ社会に受け入れられるようなしぐさや言動を身につけましょう。自分では問題ないと思っていても、まわりは不満に感じている場合もありますので注意してください。

- ●「すてきだな」と思う人を見習う
- ●アドバイスを受け入れる

ステップアップ

　両親や先輩に学ぶことが常識を学ぶ一番の近道でしょう。気にかけない日常的な対人関係の中で、常識が生きている場面にしばしば出会います。それが若い青年の場合はほほえましく心に残ります。他者を認め、尊重する人間関係のあらわれかもしれません。常識やマナーが、人間関係、そして社会を支えている重要性を認識して、自ら進んで身につけるように励んでください。意識することで身につくものだと思います。

- ● TPO合わせた服装をする
- ●落ち着いて行動する
- ●あいさつとお礼の言葉を忘れない

ミニコラム

　常識とは、その社会を構成している人々の共通した感じ方のことを指しますが、国によって異なり日本には時代を超えて存在している常識があります。それによって日本社会は成り立っているわけです。常識はその社会の文化であり、大切な意味を持っています。

Step5 豊かな人になるために

65

ニュースに関心を持つ

> 昨日の他県で発生した幼児誘拐事件の件で、園児の登園前に緊急の職員会議が開かれました。園長先生が模倣犯への注意を呼びかけていますが、もともとニュースにうとい石田先生は、会議の進行についていけません。「幼児の誘拐っていつあったの？」「模倣犯て何？」。会議での決定事項も満足に理解しないまま、園児の登園時間を迎えてしまいました。

マイナスポイント

幼児の指導が本業でも、一般常識の一環として、ある程度は社会の流れ・動静を把握しておくことが必要です。たとえば、近隣の地区で誘拐事件が発生した場合、その後、しばらくの期間は模倣犯が発生する可能性があります。事件の発生に気づかず、何も対策をとらずに指導にあたるのは、不適切かつ危険です。保育者はあらゆる能力を必要とされる仕事に就いています。昨今の情勢を概略だけでも理解しておくべきです。

●ニュースに関心がない

●一般的なことを知らない

👤 アドバイス

　社会人として保育に関する技術・情報だけでなく社会の動静を把握するために、短時間でも朝夕に新聞を読んだりテレビのニュース番組を見るようにしましょう。新聞は一面に目を通すだけでも効果があります。新聞社のウェブサイトを見るのもいいでしょう。仕事の一環として認識しましょう。

●新聞を読む　　　　●ニュース番組を見る 　　　　●インターネットを活用する

👥 ステップアップ

　新聞、それも一般紙からの情報が最も豊富です。新聞も新聞社によって、受け止め方や論評が異なるので、熟読する場合は注意深く読み進めてください。とくに、自分の興味や関心のある事柄については、3紙ぐらいを読み比べてみるのがいいでしょう。1紙だけの論評では、偏りがある場合があります。人とのお付き合いの中で、何人かの話を聞いてから適切な判断を下さなくてはならない場合があるのと同じことです。

●情報を収集する　　　●情報を選び取る 　　　●情報を活用する

> **ミニコラム**
>
> 　保護者と政治や経済にかかわる話題に深入りしたり、それを論評することは避けたほうが無難です。保護者の政治的・経済的立場は不透明です。選挙のときに、熱心に活動する人もいます。根が深い問題もあるので軽々しい発言は控えるべきです。

Step5 豊かな人になるために

66

思いやりのある温かい人

運動会の準備中、ゆっくりではあるけど、任された飾り付けを一生懸命に制作している榎下先生。そんな先生に、「まだ終わらないんですか。早くしてください」と、イライラした様子で声をかける山下先生。「大丈夫？」「がんばってるね」など、なにげないひとことが元気の源になることがあります。自分の心にゆとりがないと、そのひとことが出てこないようです。

マイナスポイント

人を思いやるということは、人の身になって考えることができ、苦しみ・悲しみを同じように感じ、いたわれることです。そのためには自分の心にゆとりがなければ、人を気づかうことなどできません。イライラしていては見逃すものも大きいでしょう。泣いている子どもに「泣かないの！」と怒る人を見かけます。子どもは泣くことで思いをあらわしているのです。そのことを理解し、いたわる言葉をかけてほしいものです。それが思いやりであり温かさです。

●相手を理解していない　　●自分の感情をぶつける　　●人のせいにする

:👩 アドバイス

　理解しよう、わかろうとする気持ちが大切です。日々、子どもひとりひとりのことを振り返る時間を持ちます。調査表を利用したり、保護者や仲間とコミュニケーションをとって、異なった角度からいろいろと理解を深めます。少しずつでもその子のことを知っていくと、徐々に気持ちが通じ合っていきます。

● 相手を理解しようとする　　● スキンシップをする　　● 心を穏やかに保つ

👨‍👩‍👧 ステップアップ

　子どもが自分の気持ちや思いをしっかりあらわすことは難しいことです。年齢が低ければ低いほど顕著です。泣いている子どもが悲しいから泣いているとは限りません。悔しいとき、寂しいとき、眠たいとき、体調がおかしいとき、なぜだか泣きたいときもあります。その気持ちに気づき、その思いを受け入れ、愛情ある言葉がけやかかわりをしなければなりません。子どもたちは、その言葉やかかわりから多くを学び、思いやりや温かさを感じ成長します。

● 気持ちに気づく　　● 言葉がけをする　　● 気持ちを受け入れる

ミニコラム

　ある有名な男優が「思いやりのあるヤツほどよい演技をする」と話しています。それは、演ずる人のことを深く理解しよう、わかろうといろいろ考え思い巡らすからだと話しています。思いやりのある保育者もそれがいえると思います。

Step5 豊かな人になるために

67

自己表現ができる

かえで保育園の職員会議の席。行事の持ち方でさきほどから自説に強くこだわり主張する吉田先生、同調できないけれど、堂々と反論できないほかの先生たち。見かねた園長先生が、「吉田さんの意見はよくわかりました。ほかの皆さんはいかがですか、何かほかの意見はありませんか」と、強く求めたところ、ようやく別の先生が意見を述べはじめました。

マイナスポイント

どうして最初からはっきりと主張しないのでしょうか。大人であれば、会議はなぜ行うのか、そこでどういう態度をとるべきかわかっているはずです。ちゃんと話し合った結果を共有することが大切なのです。そうすればコソコソと陰口をいわずにすむはずです。きちんと考え、きちんと自己表現することができる、大人の社会人の姿を子どもたちに見せてあげたいといつも思います。さわやかに意欲を持って働きたいからです。

●陰口をいう

●いえばよかったとクヨクヨと悩む

🗨 アドバイス

　何でもハキハキ、ズバリといえばよいものではありません。言葉を選び、頭の中で筋道を立てて、何回も言い直してみるのです。慎重に考えて、ゆっくりと。大人の自分がそういう経験をすると、子どもに「早くいいなさい」「早く答えなさい」とせかすことも減るのではないでしょうか。

- ●他人の意見をしっかりと聞き取る 
- ●自分の頭の中で言葉を探し、自分の意見をまとめる 
- ●思い切っていう

🗨 ステップアップ

　芸術的センスに恵まれている人なら、文章や描画、音楽で言葉を使わずに自己表現を巧みに行うことができるでしょう。しかし、私たちの日常生活では、言葉を使って表現することが一般的です。したがって私たちは、いつも自分なりの見方、考え方を持ち、生活しているはずです。日々の意志決定をいまひとつ明確にするよう心がける必要があります。とくに、子どもと接する保育者は、明確に自己表現できることが望まれます。

- ●きちんと言い聞かせることができる 
- ●話し方を工夫する 
- ●表情やしぐさに注意する

ミニコラム

　性格、立場など、環境要因によって自己表現のしかたには強弱があり、柔軟性に富んでいてあたりまえです。子どもたちと接しているときは、曖昧さを残さずに、ひとつひとつわかりやすく表現し、豊かに伝わるように自己訓練を怠らないでください。

◎参考文献

1　山下俊郎『幼児の生活指導』フレーベル館　1970 年
2　倉橋惣三『育ての心（上・下巻）』フレーベル館　1976 年
3　ブラウン, M. W.（岩田みみ 訳）『ぼくにげちゃうよ』ほるぷ出版　1976 年
4　西山茂夫『爪で病気がわかる本』同文書院　1989 年
5　山崎比紗子『指先からの美学』善本社　1991 年
6　長谷川哲雄『野の花のこみち』岩崎書店　1994 年
7　中谷彰宏『君のしぐさに恋をした』ＰＨＰ研究所　1995 年
8　林邦雄ほか『子どもの精神保健』コレール社　1995 年
9　倉橋惣三『子どもの心とまなざしで―倉橋惣三の絵本エッセイ』フレーベル館　1996 年
10　谷田貝公昭ほか監修『イラスト版子どものマナー　子どもとマスターする 49 の生活技術 3』合同出版　1996 年
11　レイチェル・カーソン『センス・オブ・ワンダー』新潮社　1996 年
12　石丸るみほか『先生ママみたい』萌文書林　1997 年
13　おちとよこ『生活図鑑』福音館書店　1997 年
14　研究者代表谷田貝公昭「青少年の生きる力を育むための総合的調査研究」一藝社　1998 年
15　二本松はじめ『二本松はじめのつながりあそび・うた』小学館　2000 年
16　近藤信子ほか『にほんわらべうた　全 4 巻』福音館書店　2001 年
17　斎藤孝『子どもに伝えたい〈三つの力〉』ＮＨＫブックス　2001 年
18　谷田貝公昭ほか監修『イラスト版学習のこつ　子どもとマスターする 49 の学習動作』合同出版　2001 年
19　さんくちゅあり編『きれいぼん』サンクチュアリ出版　2002 年
20　谷田貝公昭監修『6 歳までのしつけと子どもの自立』合同出版　2002 年
21　村上和雄『生命のバカ力』講談社　2003 年
22　北原保雄『問題な日本語』大修館書店　2004 年
23　松峯寿美監修『救急ママ―赤ちゃんと子どもの医学事典』梧桐書院　2004 年
24　ふくだすぐる『つたわるきもち』ハッピーオウル社　2005 年
25　ミヒャエル・エンデ（大島かおり 訳）『モモ』岩波書店　2005 年
26　西出博子監修『暮らしの絵本　お仕事のマナーとコツ』学習研究社　2006 年

■編　者

谷田貝公昭（やたがい・まさあき）　目白大学名誉教授
　主な編著書：『イラスト版 子どもとマスターする49の生活技術〈全5巻〉』（合同出版）、『新・保育内容シリーズ〈全6巻〉』（一藝社）、『保育者養成シリーズ〈全20巻、監修〉』（一藝社）

上野通子（うえの・みちこ）　社会福祉法人玉成会理事長
　主な共著：森楙ほか編『あそびを育てる3　操作あそびを育てる』（コレール社）、谷田貝公昭監修『6歳までのしつけと子どもの自立』（合同出版）、谷田貝公昭ほか編『保育原理』（一藝社）

■執筆者（五十音順）

今井恵子（いまい・けいこ）　学校法人鴨居学園鴨居幼稚園園長
川本榮子（かわもと・えいこ）　大田区役所福祉部糀谷・羽田地域福祉課主任主事
須田容行（すだ・まさゆき）　学校法人須田学園きよみ幼稚園園長
細野一郎（ほその・いちろう）　東京都町田市・南ヶ丘幼稚園設置者
世取山紀子（よとりやま・のりこ）　下野市立こども発達支援センターこばと園園長

これだけは身につけたい　保育者の常識67

2006年11月1日　初版発行
2017年3月20日　11刷発行

編者　谷田貝公昭・上野通子
発行者　菊池公男
イラスト◎MON
カバーデザイン◎石澤義裕
印刷製本◎シナノ書籍印刷株式会社

一藝社：〒160-0014　東京都新宿区内藤町6-1
TEL：03-5312-8890　FAX：03-5312-8895
振替　東京　00180-5-350802
website：http://www.ichigeisha.co.jp
落丁・乱丁本はお取り替えいたします。

©Masaaki Yatagai, Michiko Ueno 2006 Printed in Japan ISBN4-901253-81-6 C2037